本书出版得到

中央高校基本科研业务费专项资金资助

浙江大学文科教师教学科研发展专项资助

互联网+体育

未来无限遐想

郑元男 著

ZHEJIANG UNIVERSITY PRESS
浙江大学出版社

图书在版编目（CIP）数据

互联网＋体育：未来无限遐想／郑元男著. —杭州：
浙江大学出版社，2018.9(2019.9 重印)

ISBN 978-7-308-18055-9

Ⅰ.①互… Ⅱ.①郑… Ⅲ.①互联网络－应用－体育
产业 Ⅳ.①G812

中国版本图书馆 CIP 数据核字（2018）第 049808 号

互联网＋体育:未来无限遐想

郑元男　著

策划编辑	吴伟伟 weiweiwu@zju.edu.cn
责任编辑	杨利军
文字编辑	魏钊凌
责任校对	沈巧华　李增基
封面设计	魏　清
出版发行	浙江大学出版社
	（杭州市天目山路 148 号　邮政编码 310007）
	（网址:http://www.zjupress.com）
排　版	杭州中大图文设计有限公司
印　刷	虎彩印艺股份有限公司
开　本	710mm×1000mm　1/16
印　张	13.5
字　数	163 千
版 印 次	2018 年 9 月第 1 版　2019 年 9 月第 3 次印刷
书　号	ISBN 978-7-308-18055-9
定　价	48.00 元

序

2014 年 10 月,国务院发布《关于加快发展体育产业促进体育消费的若干意见》(国发〔2014〕46 号)(以下简称"46 号文件"),提出到 2025 年"体育产业总规模超过 5 万亿元、人均体育场地面积达到 2 平方米、经常参加体育锻炼的人数达到 5 亿、体育公共服务基本覆盖全民"的目标。体育市场化改革步伐加快,让体育产业处于风口浪尖,成为众多投资者和创业者眼中的"蓝海"。

2015 年,"互联网+"写入李克强总理的政府工作报告,旨在推动移动互联网、云计算、大数据、物联网等新一代信息技术与现代制造业、生产性服务业等的融合创新,发展壮大新兴业态,打造新的产业增长点,为大众创业、万众创新提供环境,为产业智能化提供支撑,增强新的经济发展动力,促进国民经济提质增效升级。"互联网+"正式被纳入顶层设计,成为国家经济社会发展的重要战略。

数据显示,截至 2017 年 12 月,我国网民规模达 7.72 亿,全年共计新增网民 4074 万人;互联网普及率为 55.8%,较 2016 年年底提升 2.6 个百分点。另外,我国手机网民规模达 7.53 亿,较 2016 年年底增加 5734 万人。网民中使用手机上网人群的占比由 2016 年的 95.1%提升至 97.5%。因体育拥有天然的社交属性、庞大的现场人流、积极的消费互动场景,且粉丝黏性强、参与度高,在移动互联网时代,互联网与体育产业的融合发展,已经成为一种全新趋势。

赛事是体育产业的重中之重,"互联网＋"的发展带动网络直播成为赛事的主流传播方式之一,虚拟现实将成为赛事直播的标配。广告、体育彩票、赛事周边产品等可借助互联网产生更大的影响力。

全民健身也将进入科技时代,传统体育也借助互联网的力量迎来健身新热潮。与互联网相结合的运动 APP、智能可穿戴设备等不断涌现。在体育衍生行业,体育旅游、体育彩票、体育电商等等都可在互联网的推动下,获得网络渠道优势。体育电商是"互联网＋体育"时代一个不可或缺的商业环节,而电子竞技则是"互联网＋体育"的新商业热点。毫无疑问,"互联网＋体育"是加快发展体育产业,促进体育消费的必由之路。可以预见,到 2020 年,"互联网＋体育"将是我国体育产业总产值将达到 5 万亿元市场规模的重要推动力。

在国务院 2014 年 46 号文件印发一年后,"互联网＋体育"产业发生了翻天覆地的变化。我国"互联网＋体育"产业逐渐形成了以赛事直播平台为中心,以用户偏好为基础,覆盖智能穿戴、O2O 运动、爱好者社区及运动电商等衍生行业的产业生态圈。在上游,包括乐视、腾讯、阿里等互联网大公司开始快速布局,从赛事版权、投资方向等进入;在中游,一些传统的体育公司开始求变,与互联网结合,开始探索利益与机会;在下游,"互联网＋体育"创业大潮兴起,围绕不同种类的运动健身细分领域开始厮杀。从 2015 年 1 月到 2016 年年中,体育产业一级市场发生了将近 300 起投融资案例,累计交易金额在 180 亿元左右。而且在资本的驱动下,很多知名运动员、媒体人、互联网名企高管等开始加入"互联网＋体育"创业,这种趋势也预示着新的希望与可能。

本书作者郑元男博士毕业于韩国延世大学休闲体育学专业,现为浙江大学教育学院体育学系讲师,主要研究方向为休闲体育学、体育统计学。

他基于产业融合理论，运用文献分析法、逻辑分析法，梳理了中国"互联网＋体育"的发展情况；在界定"互联网＋体育"的概念基础上，对目前已经出现的"互联网＋体育"的发展模式进行归类并分析"互联网＋"技术和体育产业融合发展的途径，在此基础上，分析"互联网＋体育"发展中存在的问题和未来发展趋势、对策。

目前，我国人均体育消费仅为全球平均水平的十分之一。在全民健身和健康中国建设大背景下，"互联网＋体育"生态圈和产业链不断完善与细化，我国互联网体育消费前景将更加广阔，"互联网＋体育"的发展方向也愈加清晰。体育行业现阶段需要的人才，应该是拥有互联网、金融和体育背景的跨界复合型人才。希望郑博士的这本书会对大家有所启发和帮助。

浙江大学教育学院副院长　周丽君 教授

2018 年 9 月 20 日

目　录

第一章

"互联网＋"大潮已至

技术改变商业,商业改变生活。从 18 世纪 60 年代瓦特改良蒸汽机开始,在过去 200 多年的时间里,人类社会一共发生过三次重大的技术革命。以蒸汽时代、电力时代为代表的前两次技术革命极大地提升了社会生产力,新的能源、新的行业、新的生产单元,乃至新的经济理论不断演化。

"互联网+"革命,始于第一台计算机的诞生,至今已有 70 多年的历史,作为一种通用的目的技术,它和 100 多年前的电力技术、200 多年前的蒸汽机技术一样,已经日渐成为一种基础设施在社会中广泛应用。近年来云计算、大数据的出现和应用,意味着一个又一个变革的临界点已经到来,信息社会这一宏大概念正在成为现实。从 1994 年中国开始接入国际互联网起到 2016 年,互联网在中国只发展了短短 20 多年,但是每个人都能明显感觉到互联网对传统行业从颠覆、渗透到融合以及互联网本身的自我演进、自我迭代、自我颠覆。截至 2015 年 12 月,中国网民规模已经达 6.88 亿人,互联网普及率为 50.3%;手机网民规模达 6.2 亿人,占比提升至 90.1%,无线网络覆盖明显提升,网民的 Wi-Fi 使用率达到 91.8%。[①] "互

① 中国互联网络中心. 第 37 次中国互联网络发展状况统计报告[EB/OL]. (2016-01-22)[2017-04-01]. http://www.cac.gov.cn/2016-01/22/c_1117858695.htm.

联网＋"已经给中国经济的格局和产业版图带来了巨大改变，正如同人类经历的前两次技术革命一样，"互联网＋"令资源可以被重新获取和分配，因此我们需要重新去定义经济规律、生产关系及社会关系。

一、"互联网＋"是什么

2015年3月，在全国两会上，"互联网＋"这个词首次出现在《政府工作报告》中。报告指出"互联网＋"代表一种新的经济形态，即充分发挥互联网在生产要素配置中的优化和集成作用，将互联网的创新成果深度融合于经济社会各领域之中，提高实体经济的创新力和生产力，形成以互联网为基础设施和实现工具的更广泛的经济发展新形态。

2015年7月4日，《国务院关于积极推进"互联网＋"行动的指导意见》正式公开发布，提出了"互联网＋"创业创新、"互联网＋"协同制造、"互联网＋"普惠金融等11项重点行动。"互联网＋"行动计划将重点促进以云计算、物联网、大数据为代表的新一代信息技术与现代制造业、生产性服务业等的融合创新，发展壮大新兴业态，打造新的产业增长点，为大众创业、万众创新提供环境，为产业智能化提供支撑，增强新的经济发展动力，促进国民经济提质增效升级。

重视互联网已经是世界各国的共识。早在1993年，美国就推出了为期20年的信息高速公路国家战略规划，重点是互联网的普及和网速的提高。2009年5月，美国总统奥巴马公开表示，数字化基础设施是美国的战略性国家资产，并出台了网络空间国家战略等政策。2015年2月，奥巴马在美国斯坦福大学演讲时表示，互联网世界就像当年蛮荒时代的西部，美国政府应当成为那里的警长。

"互联网＋"的实践风起云涌，极大地改变着经济、社会的面貌，然而关于"互联网＋"的概念国内并没有统一的定义。

"互联网+"战略是全国人大代表、腾讯董事CEO马化腾2015年向人大提出的四个建议之一。马化腾解释说,"互联网+"战略就是利用互联网的平台,利用信息通信技术,把互联网和包括传统行业在内的各行各业结合起来,在新的领域创造一种新的生态。马化腾最早提到"互联网+"是在2013年11月6日众安保险开业仪式上。众安保险是国内首家纯互联网保险公司,致力于为互联网生态护航,成立不到一年的时间,累计服务客户超过2亿。马化腾当时提道:"互联网加一个传统行业,意味着什么呢? 其实是代表了一种能力,或者是一种外在资源和环境,对这个行业的一种提升。"

这是马化腾的理解,同样作为互联网巨头的阿里、百度、小米也有他们的理解方式。

阿里版:所谓"互联网+"就是指,以互联网为主的一整套信息技术(包括移动互联网、云计算、大数据技术等)在经济、社会生活各部门的扩散应用过程。

百度李彦宏版:"互联网+"计划,是互联网和其他传统产业的一种结合模式。这几年随着中国互联网网民人数的增加,现在渗透率已经接近50%。尤其是移动互联网的兴起,使得互联网在其他产业当中能够产生越来越大的影响力。我们很高兴地看到,过去一两年互联网和很多产业一旦结合的话,就变成了一个化腐朽为神奇的东西。尤其是O2O(线上到线下)领域,比如线上和线下结合。

雷军版:李克强总理在报告中提"互联网+",意思就是怎么用互联网的技术手段和互联网的思维与实体经济相结合,促进实体经济转型、增值、提效。

亿欧网版:"互联网+"指互联网作为一种先进生产力,通过和线下融合互动,促进传统产业和传统消费转型升级的同时,助力国家提升综合国力的长远目标。[①]

通俗来说,"互联网＋"就是"互联网＋各个传统行业",但这并不是简单将两者相加,而是利用信息通信技术以及互联网平台,让互联网与传统行业进行深度融合,经过互联网改造后传统产业的各项业务的在线化、数据化。

无论是淘宝、京东等网购平台,滴滴、快的等打车软件,还是饿了么、美团外卖等外卖软件,婚恋网站、手机点餐、在线订票等等,其所做的工作分享都是努力实现交易、匹配等活动的在线化。在线化使得数据流动起来,其价值也得以最大限度地发挥出来。以往的数据仅仅封闭在某个部门或企业内部,而在线化的数据流动性强,随时可以在产业上下游、协作主体之间以最低的成本流动和交换。

其实"互联网＋"这个词最早是易观国际董事长于扬在 2012 年 11 月易观第五届移动互联网博览会上提出的,他认为"互联网＋"是互联网对传统行业的渗透和改变。在未来,"互联网＋"公式应该是我们所在的行业目前的产品和服务,在与我们未来看到的多屏全网跨平台用户场景结合之后产生的这样一种化学公式。"互联网＋"的"＋",并不是简单的数学意义上的相加,实际上是一个化学的模式。供需的本质不变,只不过是利用互联网这种方式去实现,去把一些低效率的点打通,继而创造价值,这是一个价值再造的过程。

于扬是国内最早具有"互联网＋"意识的人,其所创建的易观国际集团已经成为中国经济互联网化的转换器和加速器。早在 2007 年,易观国际就提出了"互联网化"和它的四个层次:第一个是营销的互联网化。比如广告主从在报纸上做广告到在网络上做广告。第二个是渠道的互联网化。

① 黄渊普. 一篇文章读懂"互联网＋"的内涵[EB/OL]. (2015-06-25)[2017-04-01]. https://baijia. baidu. com/s? old_id＝90108.

最大推手是 2008 年开始的全球金融危机。最典型的案例是京东的出现，逼着国美和苏宁开始转型互联网。第三个是产品的互联网化。这个进程从 2010 年开始，其最大推手是智能手机的爆发，典型的案例如小米。第四个是运营的互联网化。这一层次的互联网化当下正在进行，目标是实现企业完全数字化和网络化。

伴随创新驱动"新常态"的提出，也有专家认为，所谓"互联网＋"，实际上是创新 2.0 下的互联网发展新形态、新业态，是知识社会创新 2.0 推动下的互联网形态演进。"互联网＋"不仅仅是互联网改造了传统行业，更会同无所不在的云计算、大数据，造就无所不在的创新。创新又反过来作用于新一代信息技术形态的形成与发展，并进一步推动知识社会以用户创新、开放创新、大众创新、协同创新为特点的创新 2.0，改变了我们的生产、工作、生活方式，也引领了创新驱动发展的"新常态"。

二、"互联网＋"的前世今生

早在 2007 年，张荣寰就提出了"互联网＋"的理念，不过 2007 年的中国互联网不过是一个冲浪工具而已，那时候的时机还不够成熟，而这个理念也仅仅是在互联网以及科技圈里面小范围地传播一下而已。但在 2015 年写入政府工作报告之前，"互联网＋"已经在神州大地上进行得如火如荼。在第三产业中，"互联网＋"模式实际上已经得到全面应用，比如电商的京东模式和淘宝模式，都有大批传统第三产业参与，网上银行也是以实体银行业为基础，滴滴、快的模式正在改变传统交通业，而大批的融合传统媒体的新媒体也正在兴起，还有几乎席卷整个服务业的 O2O 模式。

中国的很多名词都是从国外引进的，但是"互联网＋"这个词是十分具有中国特色的。美国没有"互联网＋"这个词，早先的信息技术也是从美国发源的。美国信息化的过程，就是各行各业的企业以及消费者在用电脑。

对于他们来讲,"互联网＋"其实就是信息的进一步延伸,把内部的数字化进一步与外部打通,联系在一起。但是如果追本溯源,"互联网＋"可以追溯到 21 世纪初美国电子商务学界所提出的"鼠标加水泥"。

2001 年,美国互联网泡沫破灭,给过去只靠一个想法、一个域名加几个程序员就去吸引风投的创业公司带来了改变。很多人将注意力更多地转向了依托于实体产业的互联网模式,这种模式被麦肯锡公司称为"鼠标加水泥"模式。这个模式指的是依托传统企业进行生产,通过电子邮件、门户网站甚至是 FTP(File Transfer Protocol,文件传输协议)等渠道进行采购、分销和管理。这其实就是"互联网＋"的雏形。

2014 年两会上,互联网金融正式被写进政府工作报告。表明了发展互联网金融是国家意志。在这届两会中,雷军亦发出关于加快实施大数据国家战略的建议。经过 2014 年,实体经济受损这道坎一过,就有了李克强口中的——中国要制定"互联网＋"行动计划,更有了李克强的精彩语录——站在"互联网＋"的风口上顺势而为。

当然短短几十年间,"互联网"能够从诞生、普及,升级为"互联网＋"这一新变革力量,有个重要的原因就是技术边界不断扩张,从而引发基础设施层次上的巨变。阿里研究院将"互联网＋"仰赖的新基础设施变革概括为"云、网、端"三部分。[1]

"云"是指云计算、大数据基础设施。生产率的进一步提升、商业模式的创新,都有赖于对数据的利用能力,而云计算、大数据基础设施像水电一样为用户便捷、低成本地使用计算资源打开方便之门。

"网"不仅包括原有的"互联网",还拓展到"物联网"领域,网络承载能力不断得到提高,新增价值持续得到挖掘。

"端"则是用户直接接触的个人电脑、移动设备、可穿戴设备、传感器,

---

① 阿里研究院. 互联网＋未来无限空间[M]. 北京:人民出版社,2015.

乃至软件形式存在的应用。"端"是数据的来源、也是提供服务的界面。

正是新信息基础设施水平的大力提升，"互联网＋"才获得了不竭的动力源泉，在经济、社会发展中不断彰显威力。

三、"互联网＋"的本质

（一）国内学者的观点

针对"互联网＋"的本质，不同的人也有不同的理解。陈禹安认为传统商业模式受制于其所立基的时空秩序，即时空约束、时空枯竭、时空闲置上。"互联网＋"通过不断地突破时空的约束而达成对旧有时空的消解，并在这一消解过程中重构新的时空运行秩序。① 吴晓求认为"互联网＋"最基础的功能是对信息的整合，实现了信息流在时间和空间上的整合，进而对已有产业进行重构。② 李海舰、田跃新等同样认为互联网打通虚拟实体，打破时空约束。③ 金永生认为所谓"互联网＋"，是指以互联网特别是移动互联网为主的一整套信息技术在政治、经济、社会生活各部门的扩散与应用，并不断释放出数据流动性的过程。④ 在他们眼里，"互联网＋"更多在于通过信息技术来消解时空。

而产业界腾讯 CEO 马化腾认为，互联网本身是一个技术工具，是一种传输管道，因而更多地认为"互联网＋"是一种能力，是因为"＋"而激活的"信息能源"。唯品会副总裁姜海东认为"互联网＋"的本质是数据的流动，而数据就是能源。阿里 UC 移动事业群总裁俞永福认为，"互联网＋"的本

① 陈禹安.互联网思想的本质[M].北京：东方出版社，2014：34-35.
② 吴晓求.互联网金融：成长的逻辑[J].财贸经济，2015（2）：5-15.
③ 李海舰，田跃新，李文杰.互联网思维与传统企业再造[J].中国工业经济，2014（10）：135-146.
④ 翟振刚."互联网＋"本质的理论模型[J].中国高新区，2016（4）：141-144.

质是重构供需,意味着传统互联网创业时代的结束和新的创业第二春的到来。①

要理解"互联网＋"的本质,我们首先要了解"互联网＋"的核心生产要素是数据资源。人类社会的各项活动都与数据的创造、传输和使用直接相关。随着移动互联网的发展,数据量呈爆炸式增长,数据处理能力快速提高,海量数据的积累与交换、分析与运用极大地促进生产效率的提高,数据成为独立的生产要素,带动了生产方式和经济发展模式深刻转型。

(二)"互联网＋"的两个本质

"互联网＋"的第一个本质就是数据驱动,"互联网＋"的魅力正在于对海量数据资源的挖掘和运用,突出表现为"云计算＋大数据"。传统经济增长理论认为经济增长主要取决于资本和劳动力。随着技术的进步,有学者提出技术进步内生增长模型,把经济增长建立在内生技术进步上。而"互联网＋"的出现进一步改变了经济增长的要素。由于数据具有即时性、共享性和边际生产力递增性,即数据生成实时在线,处理速度快,使用过程中非但没有被消耗,还会产生新的数据。在生产要素层面,数据投入大量替代物质投入,数据技术与其他技术一起驱动经济强劲增长。"互联网＋"借助云计算、大数据、物联网等配套技术的嵌入,在行业间产生反馈、互动与协调,最终出现大量化学反应式的融合与创新,倒逼一个个传统产业的互联网化、在线化、数据化,从而使"互联网＋"蓬勃发展。

"互联网＋"的第二个本质在于链接。链接产生了两个影响,一个是用户主导,一个是产业协同。"互联网＋"使得用户与用户链接,用户与企业链接,企业与企业链接,从而打破了时空的秩序。传统产业有个弊端,就是信息不对称。传统产业往往借助广告厂商垄断内容生产和内容传播,消费

①　亿欧."互联网＋"概念背后的本质到底是什么?[EB/OL].(2015-05-14)[2017-04-01]. http://www.sohu.com/a/14989014_115035.

者是被动接受因而往往处于比较弱势的地位。"互联网＋"使得用户与用户链接，用户与企业链接，企业与企业链接，"链接"消除了消费者在传统媒体时代的信息不对称，使得用户与企业的关系发生了变化，地位发生了反转。企业单向主导的营销模式已难以立足，用户宁愿相信那些陌生人的评论，也不愿理会企业狂轰滥炸的广告。① 市场逐渐形成了以消费者为中心的客户主导模式。传统的价值链中以供给为导向的商业模式正在逐渐走向消亡，以需求为导向的互联网商业模式和价值创造正在出现。同时，互联网汇聚分散的个性化需求，既降低了企业之间的协作成本，也降低了企业与消费者、消费者与消费者之间的协作成本，使得互联网和电子商务可以更容易地汇集、分类、呈现零散的个性化需求，实现与企业的有效对接。企业可以实现供应链上的互联网化，逐步实现产业协同。跨界协作成为商业新常态，"互联网＋"将金融、医疗、征信、法律、教育、娱乐等看似毫不相干的各类产业服务，通过互联网技术和理念结合在一起。可以预见，在不久的将来，智能手机不再局限于信息交流和支付交易，还将逐渐成为人们的医疗保健、理财服务、征信信息、法律顾问、教育、娱乐等行为的中心。社群逐渐成为企业的异质性资源，替代技术研发作为企业的主要隔绝机制。

四、"互联网＋"的影响

"互联网＋"虽为新生事物，但影响是全方位的，不仅是技术性的、渠道性的，而且是机制性的、体制性的。除此之外，这种影响速度和程度超乎人们的想象。就像几年前，当网购兴起时，很多人认为其难以撼动实体店，但是其后的影响程度和发展速度却远远超出预料。类似地，当新型支付方式取代传统的支付市场，很多人同样认为这难以撼动传统金融的优势，但实

① 杨学成. 互联网思维的本质是链接[J]. 经理人，2015(2)：22-24.

际情况超出预期。总的来说，"互联网＋"对产业的影响主要体现在以下三点：一是对传统产业的创造性破坏，二是倒逼传统产业改革，三是产业下游出现新的创业潮。

（一）创造性破坏

毫无疑问，每次工业革命或科技革命带来社会进步的同时，都可能导致原有的旧产业衰亡。著名经济学家熊彼特曾在 20 世纪中叶提出经典的"创造性破坏"的理论。创造性破坏理论指出：每一次的萧条都包括一次技术革新的可能。这句话也可以反过来陈述为：技术革新的结果便是可预期的下一次萧条。每一次大规模的创新都会淘汰旧的技术和生产体系，并建立起新的生产体系。"互联网＋"深刻地展现了"创造性破坏"，冲击传统产业，使得旧的生产体系瓦解或被迫并入"互联网＋"的大潮，从而建立新的生产体系。最先受到冲击的是以电视、报纸、杂志、广播为代表的传统媒体圈生态，四大门户为代表的新闻资讯类商业网站的兴起以摧枯拉朽之势改变了传统媒体的进程，其后的互动娱乐行业也受到了冲击；而第三波冲击最为强烈，更多发生在电商领域，诞生了阿里、亚马逊、京东、聚美优品、当当网等电子商务网站。

（二）"互联网＋"倒逼"＋互联网"

在"互联网＋"被正式写入政府工作报告之前，对互联网＋传统行业的模式的探索与尝试已经在各传统行业展开，互联网＋金融、互联网＋教育、互联网＋医疗等领域都已经有不同程度的发展。

但是，传统企业的体制问题是根深蒂固的，因此对"互联网＋"的探求变革转型往往举步维艰。"互联网＋"的渗透和植入不得不倒逼传统企业的模式，迫使传统企业转型。

(三)产业下游的创业潮

"互联网＋"往往跟大众创业联系在一起,互联网化意味着商业模式的改变,这就能够催生很多创业者及创业公司。因为在"互联网＋"的框架下,不必依赖大规模的固定投入就可以形成以市场需求为导向的生产供给,大大降低创业门槛,使得在产业下游的各个细分领域兴起创业潮,典型的例子就是O2O。

李克强总理在政府工作报告中提到"把以互联网为载体、线上线下互动的新兴消费搞得红红火火",这是线上线下(O2O)这一概念首次被官方提及,这不仅代表政府鼓励O2O这一消费模式,更预示着未来O2O创业的大好环境。同时,"互联网＋"也给O2O行业发展带来了前所未有的契机,上门按摩、上门送餐、上门生鲜、上门化妆、滴滴打车等各种O2O模式如雨后春笋层出不穷。加上资本的催化,用户出现了井喷,使用频率和忠诚度开始上升,产业出现了"互联网＋"的创业潮。

第二章

风口上的"互联网＋体育"

随着"互联网+"加速渗透到体育产业的各个环节,如赛事 IP(知识产权)的经营、赛事运营的管理、体育场馆的预订、互动体育消费、运动社交娱乐、移动体育培训、第三方服务和创新协同组织等,互联网已成为推进体育行业与产业发展的重要平台,体育产业未来主要发展方向之一就是资源的整合,通过移动互联网所提供的电子商务机会,使体育产业迎来新的发展黄金时期。在未来的发展过程中,移动互联网将扮演极其重要的角色,线上与线下平台的共同运营,将为企业提供整合型营销服务,同时也给消费者提供更加专业的互动与交流平台。如今互联网和科技的发展,给体育产业的发展带来了很多新的机遇与挑战。

一、何谓"互联网+体育"

(一)"互联网+体育"的概念阐释

2015 年一个新的概念开始兴起——"互联网+体育"。艾媒咨询数据显示,2015 中国互联网体育用户达到 2.9 亿人,体育行业规模增值 4000 亿元。

正如前文所述，"互联网＋"强调互联网与产业的联合，进而进一步促使相关产业与互联网的融合发展。虽然在 1985 年，国务院颁布了《国民生产总值计算方案》，提出将体育部门列入第三产业范畴，但是我国体育产业中起主要支撑作用的依旧是体育用品和体育衍生品产业，占 80％以上，本应作为主体产业的体育服务业占比却不到 20％。

互联网正在给传统的体育产业赋予全新的商业模式：一是服务在线化，赛事直播、社交、购票、护理呼叫等全部在线完成；二是产品智能化，场馆、穿戴设备、训练器械甚至是运动服饰走向人工智能；三是竞争数据化，利用大数据指导竞技战略、定制训练/饮食计划、监控用户画像等。[①]

我国学者左伟、李建英认为，"互联网＋体育"产业是以互联网为工具，以提高体育企业生产、服务效率为使命，推动体育企业创新发展，促使互联网与体育企业深度融合，进而带给整个体育产业发展状态一种深刻的变革，可谓是体育产业发展的新思维、新范式。[②]"互联网＋体育"新媒体创始人、维宁体育 CEO（首席执行官）纪宁博士认为"互联网＋体育"就是"互联网＋体育传统行业"，但这并不是简单的两者相加，而是利用信息通信技术以及互联网平台，让互联网与传统体育行业进行深度融合，创造新的发展生态。

从内容上讲，"互联网＋体育"包含两个层面的内容：一个层面，从传统产业革新概念范畴来说，"互联网＋体育"指的是传统体育行业融入云计算、大数据、物联网等互联网新技术，改造传统体育产业链、商业模式和市场业态，推动传统体育行业转型升级。另一层面，从新兴产业产生概念范畴来说，"互联网＋体育"一方面指以腾讯、阿里、乐视为代表的纯粹互联网公司基于自身互联网平台嵌入体育产业中，创造出体育产业新的发展生

---

① 艾媒咨询. 2016 中国移动互联网创新趋势报告[R]. 艾媒咨询，2016.
② 左伟，李建英. 论"互联网＋"体育产业的内涵、特征及呈现方式[J]. 山西大学学报（哲学社会科学版），2016，39(5)：140-144.

态;另一方面指基于移动互联网的体育类移动应用产生发展,成为新兴业态和新的产业增长点。

(二)"互联网＋"给体育带来的变化

1.商业模式从 B 端至 C 端的转变

"互联网＋"给体育产业带来的所有的变化归根到底是商业模式、商业逻辑、商业思考的变化。在过去的体育产业里,更多业务模式是基于一种内容的授权、IP 的授权,合作伙伴更多是 B2B 的合作伙伴,通过 B 端的合作产生的收入。因为经营者可能更多考虑的是 IP 核心本身,自有的资源、IP 的价值是不是能被持续地放大和增高的。

由于"互联网＋"的应用,有更多的渠道来直达用户、直达粉丝,今天体育产业经营者考虑更多的是球迷,考虑如何满足球迷各种各样的消费的核心诉求,更多的是直接参与到产品和服务的运营,或者跟本地最优秀的各种链条的供应商进行深度的战略联盟。就收入端而言,体育产业的整体收入将逐渐变化为来自个人的收入。

2.大数据在体育产业的广泛应用

3D 技术的运营和大数据在体育中的广泛应用给体育带来了深刻的变革。场馆的摄影机能够随时捕捉队员和球的运动轨迹,从而获得运动员的运动数据,用来分析每一个球员的表现,继而实现通过数据更加科学地管理运营球队。同时,这些技术也不光是运用在运动员上,还可应用在比赛的判罚上。新科技的运用使得一些模棱两可的评判不再单靠肉眼评定,而是通过多个光速摄像机对一个画面的多角度捕捉和回放,同时把视频和评判建议传给前方,由裁判员进行准确和快速的判断,最后产生评判结果。大数据在体育产业的运用还有很大的市场,尤其是可穿戴市场,目前为止这些数据只使用了大概10％的数据量。国际著名调查机构 Visiongain 指出,未来5年可穿戴市场的发展势头,可媲美近年智能手机和平板电脑,这将引领相关科技企业新一轮的爆炸式增长,其收入前景也非常乐观。除了谷歌、苹果、三星之外,宏碁、英特尔、微软、LG等都试水了这一领域。可穿戴设备不但可以检测队员的运动轨迹,同时可以对他们的生理指数进行实时的跟踪和分析,使得球队对队员的分析更精准,更好地保护了队员的身体,也可避免由于运动员状态不佳,造成永久性、灾难性的运动伤害。

3. IP价值的无限放大

"互联网＋"给赛事传播带来了深刻的变革,IP价值被互联网新技术的发展放大了。新科技的发展,使内容的制作、传输的成本越来越低,越来越高效,比如NBA自建的NCN发布系统,系统核心的逻辑就是在美国的本土,NBA整合所有内容提供商的资源,把内容整合到这个平台上,然后根据他们全球的媒体合作伙伴和商业合作伙伴的需求和权限,把实时内容推送到他们的平台上去。社交是球迷的核心诉求之一,拉近与球迷的距离自然是各运动队发力社交媒体最核心的目的。如今媒体位置的变化,使得社会媒体成为内容发布和传播的一个重要平台,同时也成为联盟IP拥有者和他的粉丝之间一个特别重要的互动沟通的平台。互联网社交媒体变成了一种社会现象。体育赛事具有极强的观赏性,但是只有很少的球迷可以看到真实的比赛现场,而VR等技术能最大化还原现场,来满足大量不能到现场的球迷观看比赛的需求,提升用户体验。

二、体育产业为什么容易被互联网侵袭

(一)巨大的商业市场

从产业角度来说,互联网所要进入的市场一定是"商业帝国"式的市场:市场规模大、利润丰厚,服务面广,受众人群多,对经济活动具有广泛的影响力。① 体育产业存在大的市场是毋庸置疑的。

第一,以 46 号文件为代表的体育产业新政策以前所未有的规模推动了体育产业的发展。第二,2014—2016 年,随着创业大潮的兴起,设立体育产业投资基金的风潮也开启。先后成立了近 30 家体育专项基金,总规模超过200 亿元。创投公司对"互联网＋体育"的投资热度持续增高,资本市场的投资拉动为"互联网＋体育"发展提供了重要的金融基础。第三,"互联网＋体育"消费需求不断上涨。国家统计局资料显示,2014 年我国人均 GDP 已达到 7485 美元(约合人民币 46531 元),城镇居民人均可支配收入达到人民币2.9 万元。根据国外经验,一般人均 GDP 超过 5000 美元,居民消费结构将转向以精神文化消费为主,对体育健身消费需求迅速上升。

(二)体育产业落后,互联网改造空间大

目前我国的体育产业呈现三大特征:体育产业规模在不断增加,但产业总体规模依然小;体育产业逐步转型升级,但结构依然不合理;体育产业预期盈利大,但目前核心产业链依然处于亏损。

目前已公布的数据显示(参见图 2-1),2013 年全国体育及相关产业总产出 1.1 万亿元,同比增长 11.91％,实现增加值 3563 亿元,同比增长10.82％,增加值占 GDP 比重 0.63％。② 而同年美国体育产业占其 GDP 比重已接近 3％,事实上,一般国际发达国家的平均水平都有 2％(见图 2-2)。其差距之大不言而喻,但是差距亦说明我国体育产业存在着很大的发展空间。2014 年我国体育产业的总值约为 4000 亿元,而预计在 2025 年我国体育产业规模将达到 5 万亿元,与目前的水平相比还有很大的增长空间。

---

①　吴霁虹,桑德森.互联网＋、物联网时代企业创新完整解决方案[M].北京:中信出版集团,2015:169.

②　中国政府网.2013 年全国体育及相关产业总产出 1.1 万亿元[EB/OL].(2014-12-29)[2017-04-01].http://www.gov.cn/xinwen/2014-12-29/content_2798079.htm.

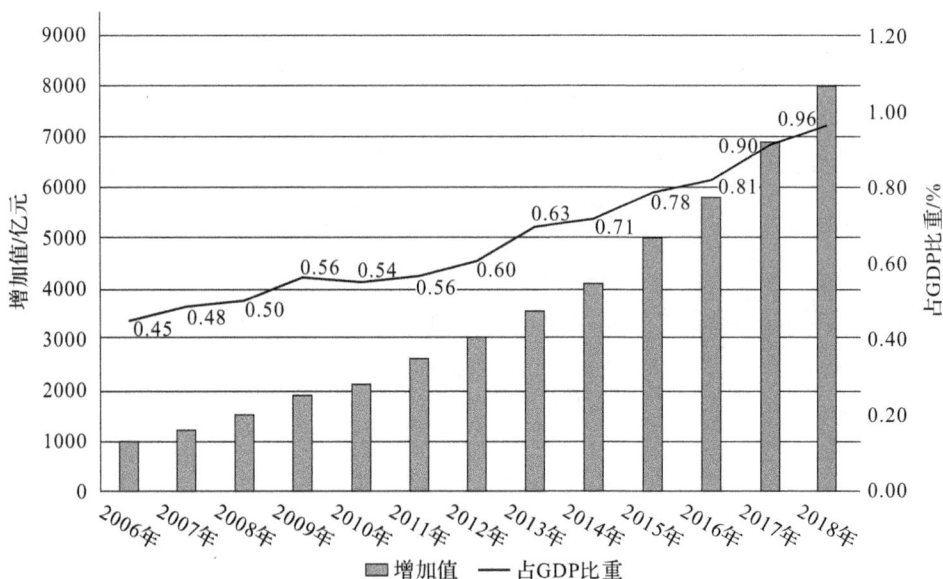

图 2-1　中国体育产业增加值及占 GDP 比重

注:资料来源于各年份国家体育总局、国家统计局公布的体育产业产值和 GDP 数据。

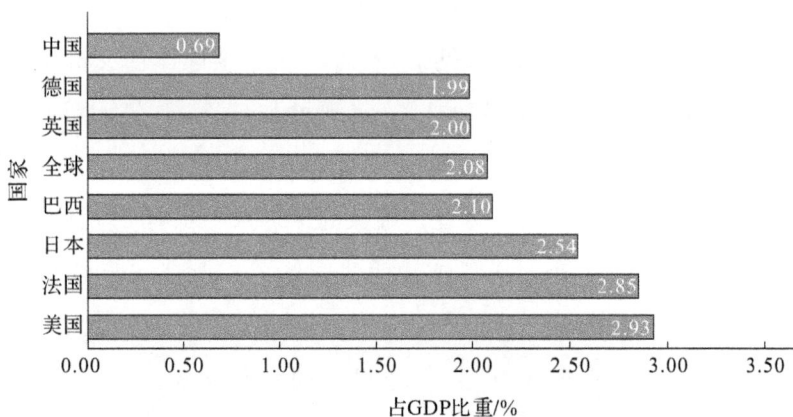

图 2-2　2013 年全球各国体育产业增加值占 GDP 比重

注:资料来源于易观智库《体育产业科学发展研究报告》。

同时,我国体育产业虽然在转型升级,但是我国体育产业中占主要支撑的依旧是体育用品和体育衍生品产业,占80％以上,本应作为主体产业体育服务业却占比不到20％。这表明了我国体育产业存在明显的结构失衡。

最后目前我国体育产业依然处于投入期,核心产业链依然亏损。但是根据互联网与其他产业发展情况来看,越是落后的行业,留给互联网的改造空间就越大。[①] 在中国,体育产业和体育消费还处于初级阶段,这为互联网市场留下了大量的商业机会。

(三)互联网与体育产业的本质是统一的

互联网技术在攻克了一个个传统产业后,攻克体育产业只是时间问题。体育在很大程度上受制于时间和空间。除了时空约束之外,体育行业之所以会受到互联网冲击,还因为时空资源的枯竭。比如说,一个再大的健身俱乐部,若好的私教有限、器械有限、受欢迎的课程数量有限,往往就不能在固定的营业时间内满足所有的健身需求。此外,传统的体育场馆还会出现时空闲置,上午跟下午的时间段运动健身的人群往往十分稀疏。因此,当以大数据、云计算为代表的互联网信息技术深度渗透到体育行业中,会迅速跟体育产业产生化学反应,让传统体育行业已经形成的结构发生改变与再造,从而萌生出一种全新的产物,即"互联网＋体育"。目前大量的体育类APP都能实时匹配最近距离的场馆、实时查看场馆空余容量、实时预约最近距离的教练、线上观看视频教学,借助智能硬件能够监测运动能耗、心率、睡眠质量,甚至已经具备判断运动模式、运动强度、运动时间以及疲劳提醒和根据之前的运动量与身体状况调整运动计划等功能。

---

① 李海舰,田跃新,李文杰.互联网思维与传统企业再造[J].中国工业经济,2014(10):135-146.

三、"互联网＋体育"市场格局

随着阿里、腾讯等互联网巨头相继大手笔注资体育产业,不可否认,中国体育产业已经进入巨头角逐的时代。在产业的上游,无论是版权、赛事、IP还是体育产业最注重资产的领域,巨头角逐,已经形成了寡头垄断的市场结构。最早开始的是乐视体育,这家互联网公司开创了国内体育圈版权竞争的先河。紧随其后的是腾讯,拿下NBA和英超等顶级赛事,而万达通过参股、并购等方式,瞬间成为国际上最大的体育公司之一。2015年9月,阿里携手新浪正式对外宣布成立体育集团,将自己的电商和大数据平台与新浪体育的内容制作能力结合,构建自己的体育生态圈。

与产业上游形成寡头垄断市场相比,产业下游则是一片完全竞争市场。越来越多的"互联网＋体育"的创业公司涌现。每一天都有几十家创业公司诞生,而且随着资本的进入,很多知名的退役运动员、知名的体育媒体人以及上市公司拥有高管背景的人,开始加入体育创业行列,这种趋势孕育着新的希望与可能。

(一)"互联网＋体育"市场有多大?

从宏观产业角度看,体育产业可以分为核心层、外围层和相关产业层,分别对应着体育行业产业链的上、中、下游,上游为体育赛事,中游为体育媒体,下游为体育衍生产业。

体育赛事位于整个产业链的核心,属于稀缺资源,可以分为职业联赛、国际重大体育赛事和大众体育赛事,国内主要赛事有中超联赛、CBA联赛、中网公开赛等等。中游主要由体育传播媒体构成,乐视体育、新浪体育、腾讯体育、PPTV体育等体育视频直播平台,各大垂直媒体及社区在逐渐取代央视"一家独大"的地位。下游衍生产业包括体育装备制造业及在

"互联网＋"背景下诞生的、与其他产业相结合形成的新的商业模式,如体育彩票、体育健身、体育旅游、体育经纪、智能可穿戴设备等。

根据 2014 年 10 月国务院 46 号文件,2025 年体育产业的整体规模要达到 5 万亿元。2015 年 12 月 8 日,在国新办举办的 46 号文件贯彻落实情况新闻发布会上,国家体育总局副局长冯建中介绍说,全国 31 个省(区、市)全部出台了本地区关于 46 号文件的实施意见。更重要的是,全国 31 个省(区、市)在 2025 年体育产业规模的目标值合计超过 7 万亿元,这意味着 5 万亿元的任务指标已被分领完毕。

而在 2014 年年底的全国体育局长会议上,国家体育总局局长刘鹏透露,2013 年全国体育及相关产业总产出 1.1 万亿元。从 2013 年的 1 万亿元到 2025 年的 5 万亿元,意味着体育产业至少有 400% 的增长空间。随着"互联网＋"技术的发展和政策红利的逐渐释放,赛事资源价值将得到进一步提升,成为引领产业走向繁荣的关键,体育新媒体将成为产业繁荣的催化剂,而衍生产业将扮演变现出口的重要角色,可以说体育产业每一份产出都跟"互联网＋体育"有着或多或少的关系,5 万亿元的体育产业市场规模至少有一半将由"互联网＋体育"创造。

(二)"互联网＋体育"用户什么样?

在中国体育市场,用户的需求类型多样,包括赛事观赏的娱乐需求、基本的设备需求、健身的功能需求。而随着体育产业逐渐嫁接互联网基因,体育产品逐渐智能化,用户在 VR 直播、线上健身教学、智能场馆以及可穿戴设备等方面的需求不断得到满足。体育在线服务市场也逐渐打开,出现包括在线票务、网络赛事直播、体育社交、运动记录等更多细分服务领域。

据国际电信联盟发布的报告,截至 2016 年年底,中国互联网用户人数达 7.21 亿,位居全球第一。艾媒咨询数据显示(见图 2-3),2015 年中国互联网体育用户达到 2.8 亿人,到 2016 年中国互联网体育用户规模达到 3.8

亿人。艾媒咨询分析认为,随着"互联网＋体育"的逐渐升温,在互联网巨头和其他投资者争相布局互联网体育的浪潮中,投资者们将会不断推出各种具有竞争力的产品,吸引更多用户。

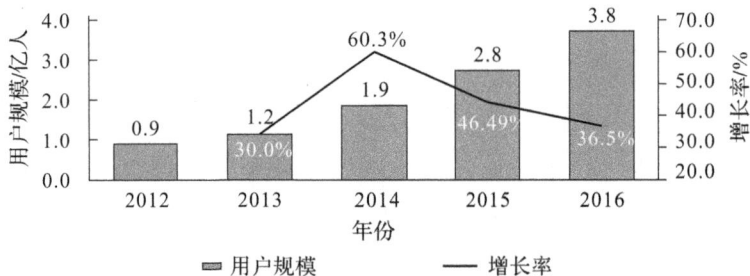

图 2-3　2012—2016 年中国互联网体育用户规模

"互联网＋体育"的产品受众仍保留传统体育产业受众的基本特性,同时加入互联网成分又使得用户朝年轻化趋势发展。艾媒咨询数据显示,2015 年 80.0％的"互联网＋体育"产品用户为男性,女性仅占 20.0％。在年龄分布上,以 20～40 岁为主,其中 20～30 岁占 48.0％、30～40 岁占30.8％。此外,在用户的收入分布和所在地域分布方面,统计数据也显现出一些有趣的现象,可供分析(见图 2-4)。

另外,艾媒咨询数据也显示(见图 2-5),赛事直播平台使用率最高,六成用户有意愿使用体育互联网产品。由于网络直播的普及,赛事直播平台成为网民使用最多的"互联网＋体育"产品,其次是线上约球以及线上学习,分别为 48.3％、20.8％、20.0％。在赛事观看上,NBA 为主流篮球赛事,覆盖超九成的篮球观赛用户,而 CBA 覆盖近七成的篮球观赛用户。在足球领域,欧冠、英超、中超的观赛覆盖率最高。

但是用户对"互联网＋体育"产品也并不是十分满意,目前也存在着诸如信息分散、整合有效性低,并且便利度和用户体验对比传统体育行业并没有特别出彩,不能够打破用户固有的消费模式、使用模式等现象。艾媒咨询数据调查中,认为体育类互联网产品还有待提升(包括:还行,有待提升;一般,提升空间很大和非常不满意的用户)的网民占 75.8%(见图 2-6)。
从图 2-7 可以看出,不习惯使用、服务无保障是用户不满意的最主要因素。
同时艾媒咨询数据显示,接受调查的用户中 60.8% 的用户愿意使用"互联
网＋体育"产品,但另外 39.2% 的用户不愿意使用,其原因主要为对体育
不感兴趣,占比 51.1%。

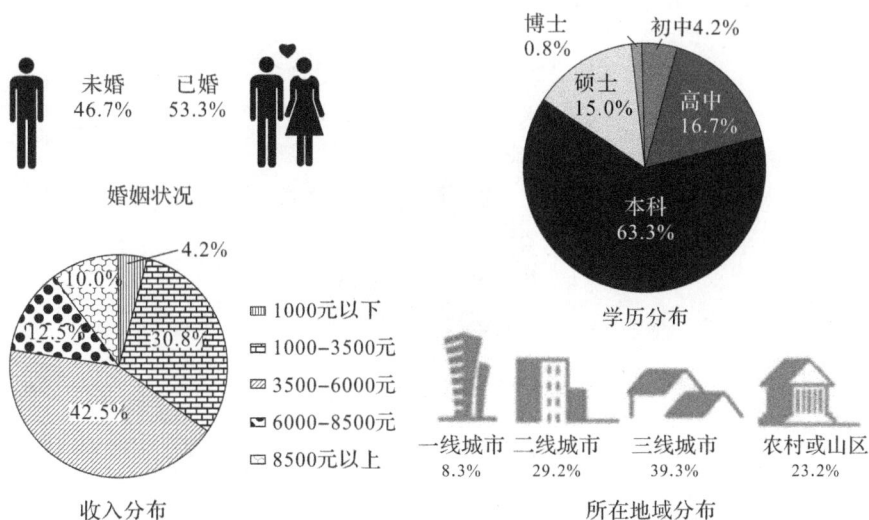

图 2-4 "互联网＋体育"用户特征

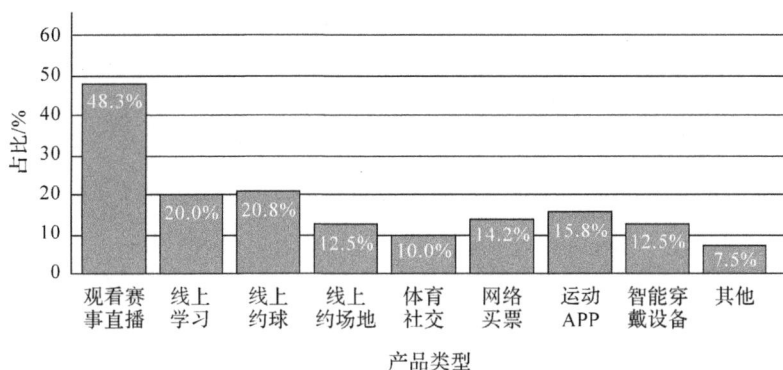

图 2-5 2015 年中国网民使用体育类互联网产品情况

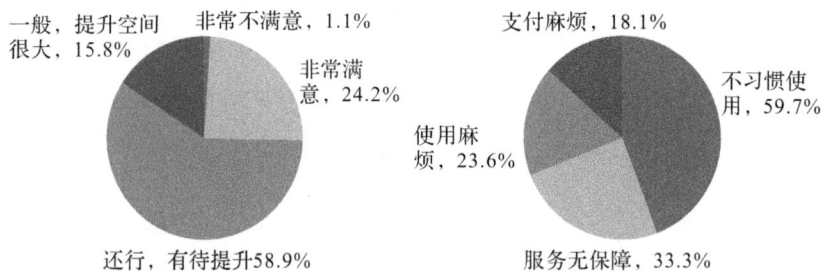

图 2-6 对体育类互联网产品的满意度调查

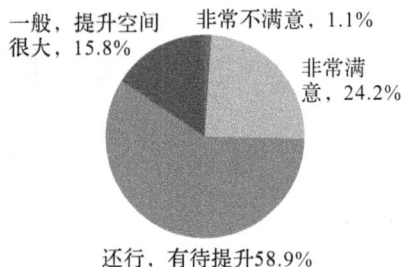

图 2-7 对体育类互联网产品的不满意度的原因调查

总的来说目前"互联网＋体育"的领域整体还属于蓝海,行业仍处于发展阶段,目前成熟的"互联网＋体育"产品较少,传统体育人群到互联网体育用户的转换率仍有待提高。相关企业也需要利用移动互联网改造自身产业链并重构与用户的关系,从用户的需求出发,改变用户固有的消费模式,形成消费升级和打造用户完美体验。

第三章

"互联网＋"动力之源

一、政策利好——重要支持

(一)体育行业政策变迁

20世纪90年代,国家制定的相关体育产业政策的重点主要放在建立健全相关法律法规体系和加强体育产业的规范管理上。如1995年通过的《中华人民共和国体育法》、1999年国家体育总局颁布的《关于加快体育俱乐部发展和加强体育俱乐部管理的意见》,为体育产业的发展奠定了一定的基础。

2009年以前,国家出台的体育行业政策围绕着北京奥运会展开,侧重点在竞技体育和奥运争光计划以实现中国体育强国的目标。尤其是国务院在2000年颁布的《2001—2010年体育改革与发展纲要》,促进了竞技体育优势项目的发展,保证了优势体育项目在国际上的领先地位。但大众体育和体育产业发展缓慢。

2009年后,国家相继出台了系列政策,扶植体育产业的发展。2009年的《全民健身条例》，在大力发展竞技体育的同时鼓励全民参与到体育运动中来。

2010 年《关于加快发展体育产业的指导意见》出台了加大投融资力度、完善税费优惠政策等多项具体政策和措施。2011 年《体育产业"十二五"规划》突出强调了体育产业在国民经济中所占比重仍过低的问题，加大了对体育产业投融资的力度，开始尝试转变政府职能，把政府工作重点放在管理上。但这一时期的产业政策市场反响不够热烈，成效并不显著。

2014 年 10 月，国务院 46 号文件正式出台，首次把体育产业放在了前所未有的战略高度，提出要把体育产业作为推动经济社会持续发展的重要力量，开发体育产业巨大的潜在市场空间，利用体育产业扩内需、促消费，放开了商业赛事和群众性赛事审批，并制定了 2025 年打造出 5 万亿元规模的体育市场的目标。

从 2014 年开始，一方面以 46 号文件为代表的体育产业新政策以前所未有的规模推动体育产业的发展；另一方面，国家对互联网与其他产业融合发展等尤为重视，相关政策文件相继发布，无论是从机制开放、资源支持还是环境优化方面都给"互联网＋体育"产业提供了重要的支持。

（二）2014—2016 年出台的关于体育产业发展、"互联网＋"的政策

2014 年至 2016 年出台了一系列关于体育发展、"互联网＋"的政策，详见表 3-1。

表 3-1　2014—2016 年出台的关于体育产业发展、"互联网＋"的政策

时间	政策
2014 年 9 月	《部署加快发展体育产业、促进体育消费推动大众健身》
2014 年 10 月	《国务院关于加快发展体育产业、促进体育消费的若干意见》

续表

时间	政策
2014 年 12 月	《体育总局关于推进体育赛事审批制度改革的若干意见》 《体育总局关于印发"全国性单项体育协会竞技体育重要赛事名录"的通知》 《关于印发"在华举办国际体育赛事审批事项改革方案"的通知》
2015 年 2 月	《中国足球改革发展总体方案》 明确提出了短中长三大目标。短期：要理顺足球管理体制。中期：职业联赛组织和竞赛水平达到亚洲一流，国家队男足跻身亚洲前列，女足重返世界一流强队。长期：成功申办世界杯足球赛，男足打进世界杯、进入奥运会。
2015 年 3 月	李克强总理首次在政府工作报告中提出"互联网＋"行动计划
2015 年 5 月	国务院发布《关于大力发展电子商务、加快培育经济新动力的意见》；商务部发布"互联网＋流通"行动方案
2015 年 7 月	国务院发布关于积极推进"互联网＋"行动的指导意见
2015 年 11 月	加快发展体育服务业，促进消费结构升级
2016 年 4 月	《中国足球中长期发展规划（2016—2050 年）》出台，规划近期至 2020 年，中期至 2030 年，远期展望至 2050 年，并将足球作为国民经济的重要产业。
2016 年 5 月	国家体育总局发布《体育发展"十三五"规划》，提出 2016—2020 年中国体育产业具体的发展目标、规划和措施，到 2020 年，经常参加锻炼的人数达到 4.35 亿，人均体育场地面积达到 1.8 平方米等，2020 年全国体育产业总规模超过 3 万亿元，并以筹办 2022 年北京冬奥会为契机，推动冬季运动发展。
2016 年 6 月	《全民健身计划（2016—2020 年）》，该计划提出，到 2020 年，群众体育健身意识要普遍增强，参加体育锻炼的人数明显增加，每周参加 1 次及以上体育锻炼的人数达到 7 亿，经常参加体育锻炼的人数达到 4.35 亿。全民健身的教育、经济和社会等功能充分发挥，与各项社会事业互促发展的局面基本形成，体育消费总规模达到 1.5 万亿元。

同时，根据前瞻产业研究院《2016 年中国体育产业发展白皮书》总结，国家计划实现 2020 年中国体育产业总规模 3 万亿的产业目标，此外，结合 31 个省份的体育产业规划来看，这些省份 2020 年的规模目标 4 万亿，已经有包括北京、上海、广东等 31 个省市先后公布了关于加快体育产业发展

促进体育消费的实施意见。2020 年的体育产业规模规划目标,广东、福建、江苏分别以 6000 亿元、5000 亿元、5000 亿元分居前三位,山东为 3500 亿元,浙江为 3000 亿元。这些省市均将"互联网＋体育"作为重要的发展内容。详见表 3-2。

表 3-2　各省市关于"互联网＋体育"的政策意见

省市	2020 年体育产业规模目标值/亿元	关于"互联网＋体育"内容
广东	6000	提出大力支持"互联网＋"体育产业。鼓励体育产业利用互联网整合开发资源,开展商业模式创新。
福建	5000	提出利用移动互联网、云计算、大数据、物联网等现代信息技术,搭建全民健身公共服务网络和平台,加快体育产业发展。
江苏	5000	提出建设覆盖全省的"智慧体育"服务网络和平台,推动体育产业与电子商务相结合,鼓励利用 APP 等手段扩大体育消费,加强体育场馆智能化建设。
山东	3500	提出未来将规划建设体育产业资源交易平台、科学健身指导服务平台和"线上线下"体育消费 3 个网络平台,助力"互联网＋体育"。
浙江	3000	提出兴办特色产业,探索"互联网＋体育"发展的新路径,培育新型业态。
北京	1600	提出推动体育消费与信息消费融合,拓展线上线下相结合的体育消费新空间。推动互联网金融与体育产业融合发展,鼓励体育类电子商务平台发展。
上海	1500	提出积极探索"互联网＋体育"发展的新模式,建造智慧体育公共信息服务平台。
河北	1500	提出大力发展体育互联网经济,加大对体育电子商务和体育服务平台的支持力度。
河南	1500	提出鼓励体育产业单位采取"互联网＋"模式,提升体育智能穿戴、体育用品销售、体育健身服务、传统体育用品制造等产业发展。

注:资料来源于各省市政府公布的关于加快体育产业发展促进体育消费的实施意见文件整理。

二、体育消费爆发——重要基石

体育消费指的是消费者选择、购买、使用和处理有关体育产品与服务的活动过程。体育市场的消费需求是指消费者在一定时期内,在每一种价格水平下愿意并且能够购买的体育产品数量。[①] 截至 2014 年,我国体育消费仍以运动服装、器材等"实物型"消费为主,"参与型"消费水平偏低,全年人均消费仅为 150 美元。《2016 中国体育消费生态报告》指出,从 2015 年开始,受居民收入增长、消费结构升级和国家政策利好等诸多因素影响,同期体育、娱乐用品的零售额占比自 21 世纪以来首次回升至 0.40%,预示体育消费拐点已至。按照国际通行标准,当人均 GDP 达到 5000 美元,体育产业会呈现"井喷"态势。国家统计局资料显示,2014 年我国人均 GDP 已达到 7485 美元,城镇居民人均可支配收入达到 2.9 万元,但人均体育消费只相当于全球平均水平的 1/10,随着消费从生存型向发展型转变,未来体育消费潜力将更大程度释放。

根据国家统计局一份调研资料显示,2014 年,20～69 岁人群中有过半的人进行健身运动,相比 2013 年提高 1.5 百分点。目前在中国,用户对体育的需求类型多样,既有基本健身的功能需求、基本的设备需求,也有竞技赛事观赏的娱乐需求。

另一方面,综合艾媒咨询的统计数据,数据显示我国目前 PC 端互联网体育月度覆盖人群超过 2.7 亿人,人均月度浏览时长 52.8 分钟。PC 端互联网体育用户渗透率达 30%。在移动端,体育不仅是新闻、视频、电商等 APP 的重要内容题材,同时伴随着智能穿戴设备的发展,市场上出现了一大批能量消耗测量、运动记录与分享 APP。[②] 2010—2011 年,体育 APP

---

① 丛湖平,郑芳. 高等学校教材:体育经济学:第二版[M]. 北京:高等教育出版社,2015.
② 艾媒咨询. 2015 年中国"互联网＋"体育研究报告[R]. 艾媒咨询,2015.

数量的增长率为 279.5％，已经远远超过移动应用商店整体 APP 的平均增长率。截至 2013 年初，体育移动应用数量已经达到 44888 款，占比在3.30％。其中，APP Store 共有体育移动应用 19904 款，Google Play 共有21695 款，Windows Phone 商城共有 3289 款。体育 APP 用户渗透率 26％。[①]

从表 3-3 可以看出，目前传统体育市场在体育观看行为、体育参与行为、体育学习行为方面都存在不足。在移动互联网时代，移动设备、社交媒体、大数据、传感器和定位系统的普及应用，让体育消费迎来场景化革命。在智能穿戴设备的基础上，将会出现智能器械、智能服饰、智能场馆等新的需求，同时体育社交、运动记录、在线票务、网络赛事直播的需求将会更加旺盛。

表 3-3 传统体育消费市场的不足

消费方式	不足或缺陷
体育观看	现场观看综合成本太高；直播之外的观看需求未满足；网络直播不流畅、节目少等
体育参与	运动时间不足；场地租费贵，设施差，交通不便；约运动难等
体育学习	价格虚高；教练难找等
健身房消费	健身房定价过高；健身信息不畅；健身设施利用不足；私教推销严重等

注：资料根据艾媒咨询 2015 年中国互联网＋体育报告整理。

2015 年至今，传统行业的领军企业，以及互联网巨头纷纷布局体育产业生态圈，迎接体育消费场景化革命。传统的体育商品生产、赛事运营、体育商品销售，以及体育消费服务等行业，相关产业分工不再割裂；体育赛事的运营，体育产品的生产，以及相关衍生品开发的环节联系得更加紧密，行业更强调一个完整体育赛事 IP 的整体协同效应开发，这将给"互联网＋体育"发展打下重要基础。

---

① 王子朴，药婧瑶. 体育移动应用的形成、发展和前景[J]. 中国体育科技，2014(6)：113-121.

三、资本利好——金融基础

此外,一批新兴的体育产业基金也陆续成立,投资范围覆盖体育产业链环节和全周期的企业,目前全国已有超过 20 家体育产业基金,累计投放金额超过 400 亿元(详见表 3-4)。创投公司对"互联网＋体育"的投资热度持续增高,以动域资本为例,动域资本已投资了 12 家"互联网＋体育"公司,包括:做智能硬件数据的抓取和采集的 ZEPP;做健身社交软件平台的初炼和火辣健身;专注于跑步项目的虎扑跑步;跑步音乐开发商跑嗨乐;做运动教育培训项目的青橙科技和智勤教育;做运动场馆的智能化开发商智慧体育场;做场馆 O2O 趣运动、技术供应商,专注移动互联网体育和游戏产品的开发公司——酷玩部落和咸鱼游戏。资本市场为"互联网＋体育"提供了重要的金融基础。

表 3-4 我国体育产业基金汇总(截至 2017 年)

专业体育基金名称	创立时间	基金规模
中体鼎新体育产业投资基金	2013 年 1 月	3 亿元
红土体育文化产业投资基金	2014 年 6 月	1.55 亿元
北京市体育发展投资基金	2014 年 12 月	1 亿元
探路者和同体育产业并购基金	2015 年 1 月	3 亿元
动域资本体育产业基金	2015 年 6 月	20 亿元
雷曼凯兴体育文化产业投资中心	2015 年 7 月	5 亿元
光大利得体育文化产业投资资金	2015 年 7 月	10 亿元
国旅联合—中和资本体育产业并购基金	2015 年 9 月	10 亿元
冠军 VC	2015 年 9 月	0.5 亿元
浙江体育产业基金	2015 年 11 月	50 亿元
鸟巢乐视体育文化产业基金	2015 年 11 月	50 亿元

续表

专业体育基金名称	创立时间	基金规模
广东友好海外体育文化产业基金	2015 年 12 月	10 亿元
新动金鼎体育基金	2016 年 1 月	1 亿元
元迅投资体育基金	2016 年 9 月	1 亿元
佳兆业凯兴体育基金	2016 年 9 月	100 亿元
江苏省体育产业投资基金	2016 年 9 月	10 亿元
体育文化产业并购基金	2016 年 9 月	6 亿元
邓亚萍体育产业投资基金	2016 年 10 月	50 亿元
曜为体育产业投资基金	2016 年 11 月	20 亿元

四、互联网技术的进步

经济、社会活动的正常运作有赖于基础设施发挥其支撑功能。随着经济形态从"工业经济"向"信息经济"加速转变,基础设施的巨变也日益彰显。短短几十年间,"互联网"能够从诞生、普及,升级为"互联网＋"这一新变革力量,技术边界的不断扩张,从而引发基础设施层次上的巨变,则是至为重要的原因。大力提升新信息基础设施水平,"互联网＋"才能获得不竭的动力源泉,在经济、社会发展中彰显威力。[①]

"互联网＋"仰赖的新基础设施,可以概括为"云、网、端"三部分。

"云"是指云计算、大数据基础设施。生产率的进一步提升、商业模式的创新,都有赖于对数据的利用能力,而云计算、大数据基础设施像水电一样为用户便捷、低成本地使用计算资源打开方便之门。大数据基础设施强势突破在"云"(云计算、大数据)基础设施建设上,以"阿里云"为代表,我国

---

① 阿里研究院. 互联网＋未来无限空间[M]. 北京:人民出版社,2015.

的互联网企业已实现了基于自主研发的核心技术,来提供通用云计算服务,无论是在技术先进性、安全性和经济性上均处于世界领先地位,与亚马逊、谷歌共执牛耳。

"网"不仅包括原有的"互联网",还拓展到"物联网"领域,网络承载能力不断得到提高,新增价值持续得到挖掘。2014 年,中国网民规模达6.49 亿,其中,手机网民规模 5.57 亿,互联网普及率达到 47.9％。物联网就是把传感器装备到各种真实物体上,通过互联网连接起来,进而运行特定的程序,达到远程控制或者实现物与物的直接通信。有新兴的"云计算、大数据"服务作为支撑,物联网的发展将提升过去在数据存储、处理和分析上能力欠缺的问题,焕发出新活力。

"端"则是用户直接接触的个人电脑、移动设备、可穿戴设备、传感器,乃至软件形式存在的应用。"端"是数据的来源、也是服务提供的界面。APP 应用软件异军突起,在云计算、大数据设施和应用软件服务的助力下,以智能终端为代表的用户设备,正成为大数据采集的重要源头和服务提供的重要界面。

"互联网＋体育"的技术动力:云计算、大数据与新分工网络这三点。一是新信息基础设施的形成;二是对数据资源的松绑;三是基于前两方面而引发的体育产业分工形态变革。基础设施建设和能力提升,加速了对数据资源的松绑,数据要素在体育产业各部门中的渗透,打破信息不对称,提升资源配对与使用效率,直接促进了产品生产、交易成本的显著降低,从而深刻影响着"互联网＋体育"的发展。

第四章

互联网巨头的布局和野心

2015年9月,随着阿里、腾讯等互联网巨头相继大手笔注资体育产业,不可否认,中国体育产业已经进入巨头角逐的时代。在产业的上游,无论是版权、赛事、IP还是体育产业最注重资产的领域,已经形成了寡头垄断的市场结构。分析互联网巨头的布局,发现大致沿着以下三条路径前进:

第一,购买IP,争夺流量和用户,构建自己的内容平台,延伸产业生态。和腾讯、新浪、乐视的做法相似,需要重金投入在顶级赛事的版权上,从产业链的顶端自上而下布局。

第二,成立专项基金,以投资的方式对体育等大文化健康类产业进行布局。买进优质资产,构建起自己的生态,并在未来与自有的用户和流量进行互导。

第三,聚焦产业链下游,在体育消费和体育健康的智能化和大数据上深耕细作。

一、BAT 三巨头的布局和野心

以下以 BAT 三大巨头(百度、阿里、腾讯)为例作案例分析。

(一)阿里体育:高举高打

1. 阿里的体育路

事实上,阿里布局体育产业早有端倪。此前在入股恒大,进军足球领域时,阿里就曾表示,阿里未来将致力于为人们提供快乐,在淘宝、天猫让人们的生活更便利之后,将继续在文化、体育和医疗等领域加大投资。但是阿里体育成立较晚,成立时国内的中超、CBA(中国职业篮球联赛),国外的欧冠、英超、NBA(美国职业篮球联赛)、MLB(美国职棒大联盟)等资源基本被瓜分完毕。阿里体育另辟蹊径,首先成为美国大学 Pac-12 联盟(帕克十二联盟)的独家战略合作伙伴,并且获得 NCAA(美国全国大学体育协会)和 NFL(美国国家橄榄球联盟)的转播权。2015 年 12 月又与世俱杯(国际足联俱乐部世界杯)达成赞助合约。

2016 年 1 月,阿里体育将 NFL 在中国的转播权权益纳入其中。

2016 年 3 月,阿里体育宣布自创 WESG(世界电子竞技运动会)并建立一个为电子竞技行业服务的基础平台。

2016 年 4 月,阿里体育与中国乒协、中国羽协达成合作,共同搭建“乒羽家园”——中国乒乓球羽毛球会员服务平台,将阿里巴巴集团的电商、支付、大数据等资源利用起来,为用户打造一个合成赛事、会员、体育用品、培训、资讯、交流沟通等功能的系统。

2016 年 6 月,阿里体育宣布与国家体育场(鸟巢)、国家游泳中心(水立方)分别签约,与这两家标志性场馆结成全面战略合作伙伴关系,还首次提出“城市体育发展整体解决方案”,将启动百亿元资金投资全国 100 个体育场馆。双方将结合各自资源优势，对"互联网＋体育""互联网＋场馆"课题进行深度开发。两大场馆力求将互联网应用及大数据落实于场馆的运营和升级，拓展无形资产开发的广度和深度。而阿里体育则将对接两大场馆信息，运用阿里云计算技术、移动互联网平台、数字营销平台等资源，与鸟巢、水立方共同打造面向个人用户的场馆集成化信息服务平台，便于用户更精准、及时、清晰地了解到场馆的活动安排、培训信息、餐饮信息等等，观众之间的交流也将更加直接。另外，阿里体育将会在赞助、广告、包厢等无形资产开发以及在赛事、活动引入等方面与鸟巢、水立方开展全面深入的合作。

2016 年 7 月，阿里体育宣布与国际拳击联合会达成合作，双方共同致力于推广拳击运动和国际拳联在全球的影响力。

2016 年 8 月，里约奥运会开幕前夕，阿里购入奥运会网络播映权，全面接手优酷体育运营，与优酷联手打造奥运频道。优酷在覆盖用户数量、用户浏览网站时长等各项指标上都远超同类竞争对手。阿里体育以此为阵地，搭建专属媒体平台。

2016 年 9 月 23 日，阿里体育与视觉中国达成战略合作伙伴协议，双方将围绕更多体育赛事的展开进行合作，为赛事提供服务。

2016 年 10 月，中国男子篮球职业联赛开赛前夕，阿里体育正式宣布成为其官方视频转播机构。阿里体育将在优酷平台上进行 2016—2017 年赛季常规赛、季后赛和总决赛的赛事转播。与此同时，阿里体育还获得了中国女子篮球甲级联赛（WCBA）2016—2017 赛季的媒体转播权。接着阿里体育拿下 2016—2017 赛季中国大学生篮球联赛（CUBA）独家转播权，并享有联合市场开发权。阿里体育也将在优酷创建 CUBA 直播频道，独家直播从预赛、大区赛到二十四强赛、四强赛和全明星赛共 500 余次的比赛，除了以优酷作为独家播出平台，阿里体育还会将赛事内容覆盖至媒体矩阵全平台，涵盖卫视、优酷、UC、淘宝直播、今日头条、斗牛等。

2016 年 10 月 25 日，阿里体育又获得美国女子职业高尔夫巡回赛（LPGA）在中国一站比赛未来 10 年的独家商务开发运营权以及中国大陆地区独家媒体权益。在同一天，阿里体育与中国橄榄球协会达成独家战略合作，获得国家队及其旗下赛事商业开发的运营权，并创办中国 15 人制英式橄榄球职业联赛。该计划包括培训教练员、裁判员，并在全国全面推广英式橄榄球。

2016 年 10 月 31 日，阿里体育与中央电视台中视体育达成战略合作关系。双方将充分发掘和利用各自领域的优势资源，围绕体育行业展开媒体融合、电子商务、赛事运营、节目内容生产、体育营销开发等方面的全面深入的合作。双方的战略合作将围绕三个维度展开。第一，双方将对各自拥有的优质体育赛事和节目 IP 进行共同开发、包装、推广和传播，充分利用央视体育强大的制作能力和媒体背书以及阿里体育的跨界资源和平台优势，让消费者、运动者、体育迷享受到更好的体育内容和服务；第二，双方将在全媒体融合和体育电子商务领域全面联手，依托央视的广大收视群体和阿里的庞大消费者群体，通过大数据服务和"互联网＋体育"的思维理念推动体育消费升级和运动价值再造；第三，双方将在体育营销和咨询领域最大化地整合各自客户资源，将商业开发渠道和产品内容全面对接和融合，为合作伙伴释放更大的价值和回报。

2016 年 12 月，阿里体育与国际泳联达成 10 年全面战略合作伙伴关系。阿里体育在电商、票务、体育旅游、培训以及赛事推广运营等方面与国际泳联展开合作，在中国及全球范围内推广水上运动。通过此次合作协议，阿里体育成为国际泳联独家电商、票务、体育旅游合作伙伴，同时获得国际泳联所拥有的赛事如公开水域游泳、高台跳水等项目的举办权。此外，阿里体育还将围绕青少年培训展开教练员培训、培训设施和课程、场馆等多项业务，扩大水上赛事的参与度和影响力。

2.阿里的布局战略

阿里体育在 2015 年公布了"天字战略",将"天"字拆解成 5 个部分,分别是互联网＋、以 IP 为核心、体育基础设施、大数据和会员。阿里体育的整体思路是"IP＋平台"。

(1)以 IP 为核心。

可以看出,阿里体育的主旨亦是以 IP 为核心。这跟 CEO 张大钟是中国最早的体育专业频道(即现在的上海五星体育频道)的创办人不无关系。张大钟认为,IP 是黏合剂,运动和大众则是土和沙,想要把体育产业玩转,必须三者兼顾。阿里体育以 IP 为核心,构建体育全产业链,在成立不到一年的时间内,阿里体育先后与国际足联、NFL、NCAA、CBA、CUBA、LPGA、国际橄榄球联合会、体育总局乒羽运动管理中心、国际泳联等体育组织或协会达成合作。

此外阿里在 IP 的鏖战中另辟蹊径,力推原创赛事,如世界电子竞技运动会(WESG)、国际网络路跑联盟(WORA)。世界电子竞技运动会是阿里体育第一个原创 IP,也是在资金和人才配置上投入最大的项目。据悉,第一届赛事的总投入将超过 1 亿元,公司还专门成立了电子体育事业部。国际网络路跑联盟是国内第一个将互联网与传统赛事完全结合的路跑赛事。该联盟涵盖路跑类 APP、协会、赛事、赞助商、执行方五大板块,目标覆盖1.5 亿名路跑参与者。目前,咕咚、悦跑圈、乐动力、虎扑跑步等知名路跑APP 已成为首批加入者,国内优质赛事如海南国际马拉松等也在陆续进驻。

另外在体育明星 IP 上,与如罗纳尔多、莎拉波娃、李娜、郎平等都达成不同程度的合作,且同时在票务代理销售权、赛事组织举办权、媒体传播权、培训基地运营权和授权产品电商开发权等 IP 集成范围内运用商品众筹、粉丝定制、赛事众筹和明星打造等运营手段,集成知名 IP,开发产品授权,从而推进 IP 进入电商新模式。同时集合行业资源,与阿里巴巴内部深度合作，挖掘赛事的附加值，开发衍生产品。

（2）以场馆为纽带，打通线上线下产业链。

体育场馆作为体育产业中的一项重要资产，承担着重大赛事的落地与观众观赛体验的重任，同时体育场馆的运营和无形资产的开发一直都是困扰世界各大体育场馆运营方的重大难题。目前中国绝大多数的场馆是1.0版本，收入结构中80％以上来源于租金和政府补贴，变成了需要不断输血的"僵尸场馆"；极少量的场馆是2.0版本，收入结构中赞助广告等无形资产成为主要收入，租金占总收入较少。进入"互联网＋"时代后，所有的大型体育场馆都面临如何适应新时代发展的转型之路的问题。

阿里体育与水立方、鸟巢的合作就是从最基础的场馆设施切入，背靠阿里，共同开发利用体育大数据，志在完成公共场馆从1.0版本（物业化管理习惯）、2.0版本（标准化管理模式）到3.0版本（智能化管理体系）的转轨，打造"智能场馆"，全面提升场馆运营能力，为城市体育发展提供全套解决方案。从场馆入手，打通线上线下产业链，志在做城市政府体育服务商，全面升级场馆的智能化，并针对性地塑造各场馆的差异化，以场馆为载体推动体育产业供给侧结构改革。

3.0版本的场馆，主要特征包括场馆收入总量大幅提升而租金比例大幅下降，在合适的场馆，租金比例可以下降到10％以下，数字营销平台分销的赞助广告收入持续增加，通过大数据计算为消费者画像，从而在产品设计、定价、供给等方面增加有效供给而刺激产生如餐饮、纪念品、个性化高附加值服务等二次消费，以及循环消费如培训课程、健身活动、运动装备、智能穿戴设备等。同时场馆的智能性也将通过VR、AR等智能技术的运用、Wi-Fi无线网络全覆盖等大大增强，将智慧场馆同消费者相连，提升优化观众的观赛及消费体验。

阿里体育第一次提出"城市体育发展整体解决方案"，总投入100亿元资金，用于智能场馆改造升级及周边体育文化设施的建设改造。将从城市体育发展现状、体育消费人口、体育产业总量与规模、赛事影响力、职业体育市场化程度、社会体育组织发展状况、体育基础设施及场馆建设经营情况和产业集群效应等不同维度考量,结合自身优势及背靠阿里巴巴集团的强势资源,全方位助力城市体育发展、促进体育消费、驱动城市新常态经济增长。

所谓整体解决方案,具体包括顶层设计合作,体育大数据云平台合作,无形资产开发合作,智慧场馆运营合作,商业规划及运营合作、大型赛事、文化娱乐活动、全民健身赛事合作落地,以及场馆运营管理合作等。目前项目已在试点运营,之后将把连锁规模化、优质服务标准化、设计运营专业化的经验,结合大数据的运用,分析出每座城市、每个省份的特征,为其做定制开发,从而提升中国体育场馆的整体运营能力。

(3)以体育大数据为工具,打造体育经济基础平台。

阿里体育依靠阿里巴巴集团淘宝电商服务平台,同时具有云计算数据分析处理平台优势。对于阿里而言,电商又是其独有的基因优势。阿里的电商平台,已经拥有了超过3亿的体育运动商品买家,平台入驻的体育运动品牌已经达到了近千个,仅2014年的体育运动商品销售额就已经达到了765亿元,票务销售也达到了近亿元。阿里体育平台随着自身不断成熟,会吸引到更多的IP和赛事运营公司,最终整个平台形成一个类似天猫、淘宝的B2C(商对客)或者C2C(个人对个人)供需平台模式。

阿里体育CEO张大钟曾展示天猫和淘宝体育用品的消费数据,其显示从2013年的不到2亿元,到2014年的3亿元,再到2015年的4亿元,销售金额也从2013年的600亿元,增加到2014年的730亿元和2015年的900亿元,近年来一直呈上升趋势。其中,在2015年的消费大类排名中,户外、跑步、篮球最受欢迎,之后是自行车、垂钓、羽毛球等。足球在消费大类中排名第9位,而球迷购买的足球商品中,最受欢迎的是足球服、球、球迷用品、足球袜以及训练背心。

2016年6月，阿里体育已在上海地区开放使用支付宝轻应用，未来阿里体育的会员不仅将与淘宝用户和支付宝用户互相打通，而且可以四通八达链接到国际足联、国际泳联、国际拳联等协会，也就是说用户一旦注册成为阿里体育的会员，就可以自然使用到淘宝和支付宝的服务，完成在各个协会、官方或民间的赛事组织方的信息索取和兑现，包括参赛报名、衍生品购买、赛事观赏等，进而将淘宝系的用户转化为亲身参与到体育运动的人，从买买买变成练练练，通过体育消费带动运动的发展。其次是通过运动数据化，运用多维度数据模型建设对用户的运动画像如每日运动量、运动频次、装备购买、是谁的粉丝等数据进行分析，集成用户体育消费数据信息形成大数据，从而为用户个性化推荐运动服务、运动指导和运动商品。

（二）腾讯：策马奔腾

2015年2月，腾讯以5年31亿元，每年1亿美元从新浪手中抢走NBA在中国的数字媒体版权，还得到了NBA 30支球队所有比赛的播放权和其他网络平台播放NBA的授权。腾讯的思路也是以IP为核心将体育的多样化内容进行融合。

腾讯并不只是一个媒体平台，也是一个整合了完整生态链的营销平台。

在掌控篮球的核心资源的同时，腾讯还将囊括足球、拳击和冰雪运动等精英IP，跑步、电竞、3V3篮球赛等大众赛事以及CUBA等校园赛事。与此同时，腾讯也开始了向赛事运营转型的新尝试，如腾讯体育打造了自制IP超级企鹅篮球名人赛。

未来腾讯将致力打造体育营销的一站式服务平台，资源形态将会覆盖版权赛事线上资源、赛事赞助、商业开发以及体育经纪。腾讯在囊括NBA、FIBA（国际篮球联合会）、英超、英雄联盟等赛事的线上版权资源的同时，还进一步拓宽了新的权益。首次打通了NBA的营销闭环，将NBA

线下球队、球员权益捆绑线上资源打包售卖。

　　腾讯 NBA 资源包括一个赛季覆盖 1500＋场次比赛直播，NBA 夏季联赛、季前赛、常规赛、季后赛、总决赛所有场次都将全程直播。基于这些资源，腾讯将打造超级媒体的概念。对于用户最关注的球队、球星动态，腾讯将打造国内最强大的媒体资源库，收录球星的每一次得分、每一个动作。为了让用户拥有实时观赛体验，腾讯还将在北美开设演播间，每天一位超级球星做客连线，并在全美 28 个城市设立 30 名跟队记者全方位、无死角报道。此外，腾讯将运营 NBA 官网和 30 支球队官网，打造 NBA 官方唯一中文社区以及 100 大球星专属社区。

　　相较以往的 NBA 比赛直播，在赛事直播和视频栏目方面腾讯也推出了诸多创新。未来 NBA 赛事直播时腾讯会同时提供四路信号，实现赛场、球星、观众席自主切换。在直播中，还会通过 3D 战术分析，展现实时数据，增强用户观赛体验。

　　在互动方面，腾讯将通过弹幕评论与微信互动，利用腾讯微信、QQ 等全平台资源，鼓励网友跨场景参与、分享，打造边看边玩的全方位观赛模式。

　　基于自身的社交属性优势，腾讯将建立 NBA 球迷社区，围绕球队和球星聚集球迷，并搭配线上、线下活动运营。当然，NBA 主题互动游戏也是少不了的，腾讯将在游戏平台上推广现有的 NBA 授权互动游戏。

　　与此同时，腾讯还将涉足体育经纪业务，此前腾讯已经签约周琦、孙杨、苏炳添等近 90 名知名运动员；与英超曼城队达成新的合作，成为其线下权益的全权代理，其中包括球员、球队比赛形象授权，球衣、赛场广告，周边衍生品代理等权益。

　　借助丰富的产品矩阵，腾讯将把直播、资讯、社交、视频、游戏、观赛及电商等多个渠道打通，联动全平台产品，聚合用户参与体育的所有场景，实现立体化传播，让体育内容在每个触点上都能创造出新的营销空间。另外，腾讯体育享有的权益还从此前的后台终端开始渗透到赛场前方，未来将覆盖到赛事版权、赛场广告、球衣广告、赛事赞助、球员经纪、周边衍生品和电商代理等整个营销闭环链条。

（三）百度：千呼万唤始出来

百度布局体育产业的脚步远远落后于阿里和腾讯。和老对手马化腾、马云相比，技术背景出身的李彦宏，在文化内容领域的布局，显得保守和后知后觉。

虽然早在 2014 年 9 月，百度就在北京举办了"智汇体育"专题研讨，针对体育产业与互联网高科技的结合展开了讨论。但是直到 2016 年 10 月，百度依旧没有实质性地在"互联网＋体育"领域耕耘。

1. 百度布局：彩票、足球、高尔夫

百度在体育领域围绕着彩票、足球、高尔夫展开。

2016 年 8 月，有消息称，百度彩票已经悄然更名百度体育，百度彩票负责人李欢出任 CEO。与此同时，百度体育目前已与多家公司和机构接触，寻求对外融资。百度彩票运营实体为北京乐和彩科技有限公司（下称"乐和彩科技"）。

公开资料显示乐和彩科技成立于 2010 年，其主要业务包括销售体育文化产品、提供互联网信息服务业务等，于 2014 年正式并入百度。李欢为乐和彩科技 CEO，同时也是百度彩票的实际负责人。因此，分拆出去后的百度体育很有可能依旧以彩票业务为主。在运作模式上，百度体育有可能还会延续百度的"航母计划"，百度保持控股，另一部分股份将用来吸纳外界资本。

2016 年 8 月 11 日，国家体育总局正式印发《体育彩票发展"十三五"规划》，之后，总局体彩中心也印发了乐透型体育彩票发展规划、竞猜型体育彩票发展规划、即开型体育彩票发展规划、品牌发展规划、队伍发展规划等 5 个专项规划，促进体育彩票可持续发展。作为从百度彩票中分拆出来

的百度体育,或许有在体育彩票中大干一场的计划。

另外,足球业务也将是百度体育的重要一环。2016 年 5 月,百度与数字体育传媒集团 Perform 达成合作,Perform 旗下足球数字媒体品牌 Goal 与百度合资成立百度够力足球,Perform 旗下体育数据供应商 Opta 为其提供数据内容。而新建立的够力足球正是由百度彩票部门负责。

根据公开资料,Goal 在全球拥有超过 500 名专业足球记者,Opta 是英超、德甲、美联等全球各大联赛的官方数据合作伙伴,业务范围涵盖 40 多个国家和地区。而够力足球核心内容编辑来自新浪体育、乐视体育和懂球帝等媒体机构。但是目前百度并没有花大力气来做够力足球,百度各大流量入口也无法支撑够力足球的推广,日活仅仅数万。

百度对高尔夫领域也有所涉及,2015 年,百度悄悄进军高尔夫行业,主打线上订场业务,百度高尔夫没有创建和使用 APP 形式,而是使用了"百度直达号"服务:使用"手机百度"APP 或手机浏览器,在百度搜索框输入"高尔夫订场"或"百度高尔夫",距离使用者最近的高尔夫球场就会出现在列表中。

2. 百度还有机会吗?

百度在体育产业领域迟迟没有大动作的原因,可能是在等待最佳的时机和切入点。它错过第一个阶段,产业上游的版权和资源已经基本被瓜分完毕。但是百度有以下几方面的优势。

一是百度旗下的百度贴吧。百度贴吧一直是仅次于微博和微信的体育迷的聚集地,他们在各自拥护的俱乐部、体育明星或者体育项目为主题的贴吧中有着惊人的活跃度。在今年,百度贴吧与 Future Arena 建立了足球领域的战略合作关系,尝试借助其丰富的体育资源,共同尝试开发百度贴吧这个社区更多的可能性。

二是百度拥有强大的数据平台,百度的大数据来自于搜索,这种数据背后的挖掘有助于定位用户的从属人群,帮助品牌做精准投放。数据本身意义是一部分,百度大数据更大的能力还在于对于原始数据理解分析的能力。此外技术始终是百度的导向,百度近年一直在投入包括人工智能、AR(增强现实技术)、VR(虚拟现实技术)在内的几个领域,这些技术已经在体育产业中得到广泛的应用。因为百度拥有强大的数据平台和技术优势,将用户数据细分,每个年龄层次和不同种类的人群喜欢什么样的健康运动方式,再辅以开发相应的智能硬件、可穿戴设备、运动场馆等,并与已有的O2O领域进行连接,通过科技和互联网技术与体育融合,会有非常巨大的前景和发展空间。

从这个意义上看,百度进军体育或许只是时间问题,在等待最佳的时机和切入点。

二、抢滩登陆的乐视体育

乐视并非传统的互联网巨头,但是乐视自从成立时,一直在体育产业领域猛冲猛打,试图抢滩登陆。

(一)乐视的野蛮生长

乐视汇聚了最顶尖的体育营销、内容、智能化、版权、赛事运营、销售人才,拥有最强大的跨界组织、跨界人才,这也使得他们在"互联网＋体育"的领域中野蛮地生长和扩张(见表4-1)。

表 4-1　乐视汇聚的体育产业人才

加入时间	姓名	原职务	现职务
2014 年 3 月	雷振剑	新浪网音乐频道和娱乐频道主编	乐视体育创始人兼 CEO
2014 年 5 月	强炜	奥美体育营销总监	乐视体育首席营销官(CMO)
2014 年 5 月	金航	搜狐体育频道总监	乐视体育增值业务副总裁

续表

加入时间	姓名	原职务	现职务
2014 年 8 月	刘建宏	央视著名解说	乐视体育联席总裁
2014 年 10 月	李大龙	北京智能视界科技 CEO	乐视体育智能硬件副总裁
2014 年 11 月	于航	新浪体育频道合作总监	乐视体育首席运营官(COO)
2016 年 1 月	张旋	风云互动创始人兼 CEO	乐视体育首席技术官(CTO)
2016 年 4 月	马国力	央视体育中心主任、盈方中国董事长	乐视体育副董事长
2016 年 9 月	张志勇	李宁公司 CEO	乐视体育总裁

　　2015 年 5 月,乐视体育完成首轮 8 亿元融资,估值达到 28 亿元。不到一年的时间,乐视体育的估值增长了 7 倍多。2016 年 4 月,乐视体育获得由海航领投,中泽文化联合领投,安星资产、中金前海、新湃资本、象舆行投资、中泰证券、体奥动力、中建投信托、中银粤财等 20 多家机构,孙红雷、刘涛、陈坤等 10 余位个人投资者跟投的 B 轮融资;共融得资金 80 亿元,公司估值达到 215 亿元。本轮融资创造了互联网体育公司 B 轮融资额及估值的新纪录,乐视体育也成为继 Facebook、Uber、Airbnb 之后,全球少数单轮融资超过 10 亿美元俱乐部的最新成员。从 2010 年到 2015 年 10 月,全球范围内仅有 10 家公司达到了这一金额。

　　目前乐视体育的主要业务囊括内容平台、赛事运营、智能化、互联网服务四大领域。乐视体育从 2012 年成立至今,已经拥有 121 个顶级体育赛事的版权,覆盖了包括足篮高网在内的 18 种运动(足球、篮球、高尔夫、棒球、单板滑雪、英式橄榄球、美式橄榄球、斯诺克、自行车、网球、赛车、羽毛球、帆船、极限、马术、单板滑雪、搏击、跑步)。其中,独家版权的有 75 项,两家共享版权的有 7 项,非独家版权有 39 项。在足球方面,乐视体育是目前中国唯一涵盖欧洲五大联赛版权(英超、意甲、西甲、法甲和德甲)的公司。同时,乐视体育还拥有中超、FIFA 热身赛、美国职业足球大联盟

（MLS）、韩国 K 联赛、日本 J 联赛、南美解放者杯等足球赛事的版权。在篮球方面，乐视体育拥有中国男篮热身赛、NBA、NCAA、欧冠篮球的版权。此外，ATP（职业网球球员协会）、WTA（女子网球协会）、中网、F1（世界一级方程式锦标赛）、FE（国际汽联电动方程式锦标赛）、ML（全美棒球联赛）、NFL 等赛事，也都在乐视体育的版权范畴之内。

乐视体育表示不会介入传统体育产业，而是要以"互联网＋体育"的模式把传统的体育产业改造成一个能用更多互联网的方式呈现的体育产业。乐视体育也不同于"互联网＋体育"媒体公司，不仅仅有赛事直播业务，它还在智能硬件、赛事运营等各方面都有布局，希望打造一个从上游到下游的全生态：上游是核心 IP。乐视体育生态中心、国际冠军杯、乐视体育经纪公司等。中游是媒体。赛事直播、自制节目、网台互动及细分社区等。下游做衍生。IP 衍生游戏、体育地产、体育电商、体育票务等。

在硬件方面，乐视还拓展到智能自行车，增值服务上也有体育彩票、体育票务等服务。此外，在俱乐部方面，乐视投资国安队，希望依据平台的基因优势和体育内容对接。

（二）野蛮生长背后的危机

乐视体育自创立以来连续两年保持五倍以上的增长，已经成长为中国最有竞争力的体育平台，但高速发展中，也遭遇到了危机。资金链的缺口成为乐视当下最严重的问题。乐视体育的资金短缺一方面跟乐视体育在 B 轮获得的融资部分被用于乐视生态其他的业务中有关，但是更重要的原因是乐视体育在初期靠着烧钱的模式野蛮生长。在宣布 B 轮融资前，乐视体育已砸下巨额费用购买大量赛事转播版权，覆盖了绝大多数运动项目，B 轮之后又先后采购了英超、NBA 港澳地区等赛事版权，且大多数版权，乐视体育都愿意出高价甚至是天价来参与争夺。在香港地区，其买下的英超版权接近 4 亿美元——几乎比过去翻了一番，NBA 版权更是数倍于此前的价格。在中国大陆,他们与 ATP 签下的 5 年新媒体转播合同每年需支付 2000 万美元,而此前价格不超过每年 200 万美元。当然还包括了作价 2 年 27 亿元买下的中超新媒体版权。

再加上引入大量的人才。虽然无法从公开资料看出乐视在引进人才方面到底花费了多少钱,但可以参考的一个消息是,据新浪娱乐报道,有互联网业内人士透露,刘建宏加盟乐视体育作为首席内容官,年薪达到七位数。这些都耗费了乐视体育大量的财力物力。

根据懒熊体育报道,乐视体育有超过 60% 的版权费未按时支付,甚至曾因拖欠版权费用被 ATP 停止上海大师赛转播信号的传送。除了在版权合同上遭遇付款困境,乐视体育的其他项目亦存在资金困难的现象。乐视体育当初和国安俱乐部确实签订了 20 亿元的入股协议,根据协议 2015 年 12 月便应支付的费用一直拖到次年年中仍未支付,乐视体育最终入股国安失败。甚至连乐视体育新办公室的演播室,因为拖欠供应商款项,原本预计 10 月全部投入使用,拖了一个月依旧还未完工。

乐视体育生态规划的四大板块下属的赛事运营和智能化业务发展也十分不顺利。2016 年以乐视为赛事运营方的国际冠军杯(ICC)北京站比赛、国际汽联和 WRC(世界汽车拉力赛)取消。乐视体育也不再作为赛事运营合作伙伴参与 2017 年国际冠军杯中国赛,赛事 IP 所有方及推广方将自己办赛。乐视的智能化业务同样未取得实质性进展。2015 年 12 月,乐视体育冠名五棵松体育馆为"乐视体育生态中心",并且携手华熙国际"将五棵松体育馆升级为全球领先的智能化场馆"。但双方在该项目上始终未有实质性推动。反倒是后来华熙国际转而选择与微赛体育成立合资公司华熙微影科技,双方就"智能化"展开合作。

可以看出,乐视体育原本所坚持的野蛮生长式的战略和其生态布局"赛事＋内容＋智能化＋互联网应用"更多还是围绕互联网的逻辑来对待体育产业,没有真正站在体育的逻辑来看待产业的发展。互联网模式的标准打法，用钱买时间，就是用烧钱模式、免费模式，快速扩大市场份额，俗称跑马圈地。当用户体量达到一定规模，"广积粮，筑高墙"形成竞争优势，深度运营用户价值。但是中国有个非常大的挑战在于，能否更多地聚合起体育人群，如何让用高额成本聚集的人口，参与到线下的体育运动场景和线上体育消费中来。中国体育产业目前正面临着这样的窘境：一方面，资本火热催生各方天价；另一方面，基层百姓消费，尤其是二三线居民在体育上的消费仍然处于较低水平。而体育产业核心推动力来自普通大众消费者，大众不消费或消费少的产业，最终都将是空中楼阁，必然倒塌。

（三）乐视的战略调整

从 2016 年 12 月开始，乐视体育开始了战略调整的步伐，战略调整的基本思路就是进一步加强乐视体育在经营管理上的能力，1.0 阶段构筑"赛事运营＋内容平台＋智能化＋互联网应用服务"完整互联网体育生态系统，升级到 2.0 阶段，成立新媒体及线上事业群、线下商业事业群和体育消费业务事业群，加快抢占线上及线下的体育用户入口。

新媒体及线上事业群涵盖媒体事业部、电竞事业部、彩票事业部及会员业务中心，为 PC、移动、互联网电视的三端用户，提供全面的线上体育服务。

线下商业事业群包括赛事运营中心、产业中心和健身事业部，为体育人口提供参赛、运动休闲和健身等线下专业服务。2017 年，赛事运营中心将积极引入全新赛事 IP，创建互联网赛事管理平台，适时成立独立运营的赛事管理公司。

体育消费业务事业群包括装备事业部、智能终端事业部、电商销售及服务中心、智能化研究院，这个事业群是此次组织调整的最具创新之处，体现乐视体育切入体育装备消费领域的决心。

此次调整意味着，乐视体育开始进入精细化运营阶段，让乐视体育重新回归体育产业,从乐视体育擅长的媒体部分、线上部分,回归到线下,深入整个体育产业之中。乐视体育 CEO 雷振剑也反思了,很多时候大家过分重视了互联网对体育产业的影响力,却忽视了体育产业自身的发展。

目前乐视体育主要收入由广告、赛事运营和会员收入构成,从盈利的角度上来说,乐视体育的调整势在必行。从表面上看,虽然四大板块缩减为三大板块,但原有核心业务其实更加精细化地分解到三大板块当中。在精细化运营过后,乐视体育的营收更为细化,并且积极布局有潜力的细分领域。其中,乐视体育表示将切入占据体育产业 GDP 50% 以上的装备领域。市场调研公司 Oriental Patron Research 的数据显示,运动产品消费占中国 GDP 的 0.67%,相比之下欧盟是 2.2%,美国是 3.5%。这说明中国体育产品消费至少有 3 倍的增长空间,市场研究公司 Euromonitor 预计,到 2020 年中国的运动服装市场将超过奢侈品市场,达到 2808 亿元。

三、苏宁、京东能否分一杯羹

(一)苏宁:未来可期

1. 苏宁的布局图

2016 年 5 月底,江苏苏宁体育产业有限公司注册成立,注册资金为 10 亿元,苏宁将本来放在文创板块的体育业务单独拆分,这意味体育已是苏宁除电商、置业、投资、金控、文创外的第六大板块。苏宁的体育布局包括足球俱乐部、体育媒体平台、体育竞技、体育培训、赛事运营、版权影响、体育电商等产业链上下游。实际上以电器零售起家的苏宁早已深入布局到体育产业中来。2013 年,在苏宁电器创立 23 周年纪念日到来之际,苏宁电器进行了自我改革。它将苏宁电器改为"苏宁云商",之所以这么做,是为了尽快将线下与线上打通，为自己注入互联网基因。2013 年 10 月，苏宁以 2.5 亿美元收购 PPTV 44％的股份，从而成为这家公司的第一大股东，奠定了其进军体育产业的媒体基石。苏宁在体育领域的布局脉络十分清晰：从体育直播平台（PPTV、龙珠直播）、足球俱乐部（巴萨、江苏苏宁、国际米兰），到版权（西甲、英超）以及体育社区（懂球帝）和体育大数据平台（创冰），苏宁正在染指体育产业链条上下游的每一个环节。

（1）PPTV：苏宁体育连接器。

PPTV 是苏宁进军体育产业的基石，也是苏宁体育产业布局中的连接器，连接着体育产业的上下游，上游有各种各样的赛事和版权，下游有彩票、旅游、电商等衍生品。

2015 年 8 月，PPTV 以 2.5 亿欧元获得 2015—2020 年西甲联赛中国地区独家全媒体版权。根据协议，PPTV 将独享西甲在中国地区包括电视、网络、新媒体及户外屏幕、地铁、公交、影院等媒体的播出及版权分销权益。

11 月，PPTV 继续收购了游视网络（龙珠直播）分拆之后的直播公司 100％的股权和电竞公司 25％的股权。龙珠直播成立于 2015 年 2 月，是 PLU 游戏娱乐传媒旗下的直播平台，曾获得来自软银和腾讯 3 亿元的 A 轮融资，并于 2015 年 11 月初完成由久游领投、腾讯跟投的近亿美元的 B 轮融资。

11 月中旬，苏宁继续以 7.21 亿美元的总价获得 2019—2022 赛季中国内地及澳门地区独家媒体版权。按照目前的汇率，这份 3 年合同折合人民币约为 49.5 亿元，与之前卖出 5 年 80 亿元的中超相比，平均价格还要稍高于后者的每年 16 亿元。收获英超 2019—2022 赛季版权，标志着苏宁继囊括西甲 5 年全媒体版权之后，又在欧洲足球五大联赛赛事版权方面再下一城，进一步奠定了在体育赛事版权领域的领先地位，也强化了苏宁体育集团在俱乐部经营、青训、体育媒体等领域全产业链布局的领先优势。

（2）足球：苏宁体育重型武器。

2014 年 6 月，苏宁与巴塞罗那俱乐部达成战略合作，苏宁成为巴萨俱乐部历史上的首个中国赞助商，开始试探性地向足球产业进军。随后的 2015 年 3 月，苏宁悄然进军中超，成为江苏舜天足球俱乐部主赞助商，接着正式接管了原江苏舜天俱乐部，将其易名为江苏苏宁俱乐部，大手笔引入包括拉米雷斯、特谢拉等众多强援。

进入 2016 年，苏宁更是大手笔不断。3 月苏宁接管江苏唯一的女足职业队，成立江苏苏宁女子足球俱乐部，新赛季将代表江苏参加全国女超联赛、女足锦标赛和足协杯等赛事。

紧接着 6 月，苏宁以约 2.7 亿欧元的价格收购国际米兰约 70％的股份，这是苏宁在体育产业发展布局上的一个重要里程碑，标注着近年来苏宁基于强大的电商、体育媒体、足球俱乐部等产业资源优势，通过战略扩张、投资并购，走向版权上游，做大平台中游，拓展产品下游，已经布局了体育全产业链生态圈。

（3）电竞：启幕电竞＋模式。

电竞是苏宁体育另一支武器，也是其重要的布局点。从 2015 年宣布进军电竞领域开始，苏宁已在赛事与生态两个层面着手布局。苏宁已在全国 35 个城市云店打造了 50 家电竞体验专区，平时开放给玩家和选手体验，比赛时化身比赛场，并提供专业赛事服务。同时苏宁将与电竞 CP 厂商展开战略合作，涵盖当今主流电竞游戏，拟以职业赛、全民赛、高校赛的形式贯穿全年，预计举办近百场全国性电竞比赛。另外，将基于生态发展视角构建"电竞＋"模式，协同上下游供应链厂商，打造专业化电竞硬件解决方案，为草根玩家提供更接地气的全民电竞平台。此外，苏宁还联手英特尔从玩家消费诉求出发，启动苏宁酷睿电竞节，深度定制专业化硬件解决方案，助力玩家实现上限突破。

（4）创冰科技：大数据完善产业链。

4 月，领投国内首届一指的体育数据运营公司——上海创冰给苏宁体育注入大数据平台。苏宁在足球俱乐部方面,可以借助创冰科技的数据服务,进一步夯实自己的数据分析能力,在俱乐部的战术制定、球员管理、教练球员选择以及青训选拔等方面获得全方位的信息支持。

另一方面,PPTV体育可以借助创冰的数据服务,为用户带来更丰满的观赛体验,进行针对性的赛事营销。

2. 苏宁布局的原因

分析苏宁布局体育产业背后的原因,更能帮助我们认识苏宁的体育产业布局。苏宁是一家消费行业企业,永远需要关注未来的消费热点在哪,在产业升级、消费升级的趋势下,文化、教育、养老等大健康产业将是中国未来的驱动力,现在进军体育产业符合大趋势。另一方面,相较于老对手国美,苏宁大力推动整个电商业务,但是电商业务面临着天猫、京东、国美的合围,竞争压力非常大,线下家电零售业务也进入了缓慢增长期,转型的压力可想而知。苏宁现在很多现有业务板块与体育是有强关联的。核心业务电商对品牌营销的需求是持续性的,苏宁每年在广告和营销上的投入巨大,但传统投放渠道的效果在减弱,体育则是一个能快速产生集聚效应的事情,特别是足球,这一点已经被恒大很好地印证了。电商平台上还可以对足球文化和衍生品做深度经营。

此外苏宁旗下的PPTV,是一个官方数字用户超过3亿的传播渠道,在体育上的布局也可以为PPTV提供更多优质内容,好的内容产品未来仍然有付费消费的可能性。PPTV从原本赛事转播的产业链中游,分别向上游赛事包装和下游的衍生产业拓展。上游包括赛事的开发、包装和运营,下游则有相关的彩票、旅游等衍生行业,以体育为切入点,带动未来整个平台的转型。甚至,他们还想创造自主赛事联盟,通过PPTV的平台,将赛事做大,从而带动上下游整个产业链的发展。

足球产业有强烈的国家属性,这一点对于苏宁的置业业务来说,也大有裨益。另外,随着苏宁从传统零售向互联网零售转型,将足球事业作为内容和产品来经营,也是粉丝经济的一个很好的切入点。"足球是第一大体育,有群众基础,我们有 2 亿会员,PPTV 有 6 亿粉丝和访客,这些资源都可以融合,从卖票销售到衍生产品,再到打造俱乐部球员的个人平台、明星化经营。"

不过就目前的市场形势看,苏宁将面临的版权成本和经营压力都不会小。随着体育生态的布局基本完成,苏宁体育整体也将迎来对自身变现能力的考验。以英超为例,平均每轮比赛的成本近 4000 万元,仅靠赞助费和会员付费甚至难以实现盈亏平衡。如何寻找盈利点也是苏宁体育需要考虑的。

按过去的经验来看,苏宁在拿到英超未来 3 个赛季的媒体版权后,主要有 3 个收入途径:版权分销、广告与付费会员。

最近几个赛季,新英体育在分销版权过程中不断提价,并通过一年一签的政策占据绝对强势地位。根据懒熊体育的报道,2014 年,PPTV 和乐视获得 2014—2015 赛季英超非独家转播权,价格是 1100 万美元。随后一个赛季,新浪体育、腾讯和乐视体育各支付 1800 万美元。该赛季,光乐视体育一家支付给新英的转播费用就接近 4000 万美元,后又分销给腾讯体育等平台。

按照这一增长势头,保守估计到 2019—2020 赛季,单笔新媒体版权分销价格将超过 5000 万美元,如果卖到两家,版权分销收入能到 1 亿美元。在另外两个途径上,目前在中国,英超和 NBA 是体育赛事付费会员市场的两大主力,同时也是流量和广告的吸金大户。除了英超直播和点播可以通过售卖得到广告收入和付费会员外,由于英超流量带动的全站整体广告收入上涨也应该考虑在内。到下一周期,PPTV 将拥有英超单赛季全部 380 场比赛的直播权,并且可以像新英一样在分销中保留一定数量的独播比赛。这种权益的升级势必会带来全站流量的提升,进而提升其广告单价。

在众多的资本大鳄中,新玩家苏宁俨然一匹杀出的黑马,苏宁现在要做的是把观众变成用户,这也是互联网公司成功的法则。

（二）京东：专注于卖货

早在 2010 年，京东就是中超联赛主赞助商。2013 年 3 月，京东与中超联赛签署 5 年战略合作协议，并成为中超联赛零售企业和购物网站独家合作伙伴。2014 年 8 月，京东和北京国安足球俱乐部深度合作，成为北京国安衍生产品线上独家销售平台，同时京东还和 CBA 进行了合作，成为2014—2015 赛季 CBA 联赛官方合作伙伴。2015 年年初，京东参与了智能设备公司 ZEPP 的 C 轮融资。

体育用品是京东快速增长的重要品类之一，自 2011 年上线以来始终保持稳定增长，2013 年至 2015 年销售业绩增速均超过 100％。作为一家互联网巨头企业，在体育产业快速发展的当下，京东不进来"掺一脚"好像更让人觉得意外，毕竟同样以电商起家的阿里进入体育产业的时间不长，但已经迅速成为行业内最受瞩目的玩家之一

2016 年 4 月，京东体育正式上线，它的前身是服饰家居事业部下属的运动健身部。京东并没有像阿里一样成立新的体育公司，而是准备围绕电商平台，通过赛事、内容的延伸以一种较轻的方式进入体育产业。京东体育开展的业务还是以"卖货"为核心。京东不在赛事营销上做过多的投入，而更专注于卖货本身。作为一个零售平台，其最大的价值就是让消费者能买到想买的东西，让品牌商的商品能够顺畅地完成销量转化。

京东体育希望为体育用品消费者和品牌方提供更深入的配套服务，进而从消费层面得到更多的用户支持，让京东成为体育消费服务的流量入口。其实，在体育消费服务市场，先主抓赛事营销还是先主抓消费服务其实是一个"先有鸡还是先有蛋"的问题，而京东选择了从体育用品消费服务入手。

为了更好地推动"卖货"，京东也会让品牌商得到更多服务。京东作为自主式经营 B2C 的第一名，在经营模式上主要包括两块，一个是自营，一

个是联营。联营的意思就是品牌商或代理商在京东自己开店,仓储、配送、退换、自提等都是按照京东自营的流程进行,京东将自营和联营两种模式有效结合在一起,这是其他平台无法为品牌商提供的优势。

京东的大数据支持,让京东体育有了更专业化的运营模式。一方面通过对消费者行为数据的挖掘和分析,整理出用户群的真实需求,完成个性化千人千面的产品推送和精准人群的聚焦。另一方面通过数据支持向品牌和商家提供产品的市场反馈和运营指导,进而推动产品的优化和销量的提升。京东体育对市场的灵敏嗅觉,快速地反馈在品类布局上,骑行、垂钓、马术等小众运动品类的商品已经非常丰富,垂钓用品已经包括钓竿、线漂、配件、装备等四大特色商品馆。体育消费人群以体育项目为维度相对聚焦,相关产品和装备也会有更丰富细分的专业属性,所以,体育品类的运营要求更加细致和专业化。以骑行为例,近两年骑行的增速非常快,是京东体育平台上增速最快的品类之一,未来有 DIY 需求的骑行消费者们可以直接在京东体育平台上购买零件。另外,消费者也可以享受到京东物流带来的便捷,垂钓装备配置钓竿、线漂、鱼饵以及配件等配套用品众多,王学松开玩笑说,如果到了垂钓地点,发现少了任何一件配套用品,只要在京东下单,即可第一时间收到货。

当然,锁定精准用户的一个核心手段就是赛事。京东体育想要依托原来的纯销售,变成销售＋赛事＋内容的平台,尤其是赛事部分,将与更多有影响力、成长性和客户接受度高的赛事合作。而赛事主办方也能在平台上开设赛事店铺,售卖参赛名额和周边产品。相比于怀揣大笔资金"买买买"的打法,京东体育选择了一种较轻的方式切入体育市场,超过 1.6 亿的年活跃用户和特色的"自营＋物流"模式是它最强大的后盾。

2016 年年初开始,京东就已着手自己做一些群众运动活动赛事,让京东的用户可以在消费之外更多地参与到体育运动当中,在 4 月和 7 月分别在北京和上海做的两场乐跑活动,效果让京东感到满意,接下来京东还将继续举行或合作举行更多的群众性体育活动，把体育用品消费与运动活动场景化结合，让大众消费者的体育用品消费买有所用，并切实地参与到体育活动之中。在打造自己的赛事之外，京东体育还与一些其他赛事合作，提供报名入口、衍生商品销售、金融众筹业务及金融白条服务。京东金融的众筹一直是他们的特色服务之一，此前一些创业公司推出的运动产品都在京东金融平台进行过众筹，如 eRock 智能篮球、李宁智能篮球等。而在赛事众筹方面，以 2016 年 7 月 9 日举行的泥泞跑南京站赛事为例，用户可以在赛事众筹页面选择 5 种价位的众筹包，分别对应不同数量的参赛名额。例如，用户选择参与最低价格的 1 元众筹，则有机会抽奖获得一个原价 299 元的参赛名额，而如选择了最高价位的 2199 元众筹，则可以直接获得 10 个参赛名额。

总的来说，从发展情况来看，京东体育开展的业务还是以"卖货"为核心，通过打造自己的群众性赛事以及与一些其他赛事进行合作，打造体育流量入口，帮助运动品牌找到精准用户群。

第五章

体育 O2O 能否行得通

体育是典型的O2O，O2O的本质在于线下服务。体育O2O是指让互联网（包括移动端和PC端）参与到体育运动服务的环节中来，将线上服务（主要是场馆、教练信息、运动记录、线上社交、垂直社区等服务）与线下体育活动结合起来所形成的相关市场。"互联网＋体育"的旋风刮过，兴起了一大批基于移动互联网的O2O模式体育产品来体育产业的万亿市场掘金。

一、体育O2O兴起的原因

目前，中国大众体育尚处于初级阶段，体育运动服务市场主要面临四大问题。从基础服务设施来说，体育场馆数量不足，主要以事业单位运营为主，商业化程度不够；从消费来说，以服装器材为主，运动消费较低；从用户来说，运动意识需要进一步增强；从教练资源来看，教练水平参差不齐，市场较为混乱，专业教练匮乏。而互联网作为新的解决方案，可以从三个方面重塑体育运动环节：一是解决信息不对称的问题，用户可以很轻易地获取场馆、课程、体育活动和圈子等信息，而场馆也可以通过互联网对用户进行有效的经营管理。二是去中介化,最明显的地方是直接将教练与用户对接,摆脱了场馆的限制。三是提高运营效率,互联网对整个体育运动资源不断整合,简化交易环节,实现效率最大化。

二、体育 O2O 模式和评价

体育 O2O 有如下几种切入模式。

(一)约教练方式切入

目前在国内诸如约教练、初炼等都是专注于约教练的平台,初炼在 2015 年 6 月获得了 3000 万元的 Pre-A 轮融资。约教练的方式也分好几种,有的专注于约教练上门,有的只是针对线下场馆内部教练预约,还有一种实际上是约教练去线下场馆陪练。

1.约教练上门

对于约教练上门这事,由于现实原因基本很难实施。一方面,家里的场地有限,运动范围、运动场所都会受到限制;另一方面,不管是对教练还是对预约的人来说,上门服务会涉及隐私的泄露,财产、人身等安全问题。

2.场馆内部教练直约

对于场馆内部教练的线上预约,这种模式实际上跟约场馆的方式有些雷同。对于很多体育场馆来说,他们的核心竞争力或者招牌就是场馆内的教练,他们通过借助教练的个人影响力来为场馆带来更多的运动爱好者。但是一旦很多用户对某个教练比较认可之后,就会介绍很多朋友来预约该教练的课程,该教练出去单干的可能性就扩大了。

3.约教练去场馆

这种方式是目前比较主流的约教练模式,同时也是一种私人教练的陪同方式,外称"陪练"。这种模式对于很多没有正式工作或者想找一份兼职的教练来说,可以让他们获取一份额外的收入,比较受教练们欢迎。但是对于消费者来说,教练的水平如何就很难得到把控了,不排除会有滥竽充数的现象。

(二)约场馆方式切入

说到约场馆,目前国内也有两种不同的形式。一种是约某一种类型场馆的O2O,诸如云高高尔夫,只针对全国各地的高尔夫球场,而全城热炼,则只针对健身场馆。另一种则是可以约各种场馆的O2O,诸如趣运动、动网等平台。

首先,相对于其他体育O2O的方式来说,约场馆会是一个比较高频的需求。拿它跟约教练对比,一个高频,一个低频,很明显高频的优势更明显,更容易切入到整个体育O2O生态。拿北京举例,在北京这座城市有将近500家羽毛球馆、2000多片网球场、800多家游泳馆、600多家瑜伽馆、300多家舞蹈工作室、200多家健身房,但是这些场馆容量却经常饱和,如果不预约的话,到那根本找不到位置。

其次,约场馆是解决信息不对称的最好方式。很多人经常运动,可是对于自己周边究竟有哪些运动场馆却并不是十分清楚,这样就免不了可能会跑到一些离自己家非常远的场馆去运动,而一些知名度并不高的场馆可能就没有什么人经常过去运动。约场馆会成为这类运动爱好者和场馆之间的最好纽带。

最后,对于约场馆这类平台来说,比较容易得到一些以盈利为目的的场馆支持。这些平台通过线上为他们导流,带来更多的客户,同时也能扩大场馆的知名度。

但是约场馆却面临着两个比较现实的问题:

问题一,目前很多运动场馆都是在学校里面,周一到周五学校场馆一般是不对外开放的,而到了周末,大学校园的场馆学生们自己要用,中小学校园的场馆其实也不太愿意对外开放，因为收不了多少费用且对学校场馆器材损耗还挺严重。这些校园体育场馆往往都不太愿意跟这类平台合作。尤其是一些足球和篮球场地，更是主要集中在校园中，约场馆将面临一定的限制。

问题二，对于很多运动爱好者来说，他们其实经常会去的运动场馆也就那么几个，一旦这类运动爱好者通过该平台发现了不错的运动场馆之后，下次该运动爱好者就很可能会避开平台直接预约场馆。

（三）垂直电商方式切入

说到垂直电商，国内目前活得不错的并不多，只有唯品会、聚美优品等少数几家平台，而运动类垂直电商生存得不错的更是屈指可数了，也只有完成数千万级别 Pre-A 轮融资的优个网。刘旷从优个网目前的发展动态来看，认为这家垂直运动电商平台远远不满足于电商这一块市场，此轮融资就是他们向体育 O2O 市场发起全面进军的信号。

首先，优个网从 2008 年开始就一直深耕于运动电商品牌的打造，目前已经积累了近 500 万名的忠实会员，这些会员是优个网的根基所在。与此同时，优个网通过 7 年的时间沉淀，积累了大量的知名运动品牌厂家供应商资源，从运动品类来说，已经远远超过京东商城和天猫。

其次，从 2015 年的 1 月份开始，优个网已经连续在北京等多个城市开设了 20 多家线下门店，未来将发展到 500 家，这些线下门店将全部由优个网统一供货，线上为线下导流，线下为线上增强用户体验。同时优个网还成立了优个运动 O2O 商学院，对门店加入者进行系统的培训。

第三，优个网正在准备上线约场馆的体育 O2O 平台，目前已经处于测试阶段。优个网在过去的电商发展过程中，已经与很多运动场馆建立了紧密的合作关系，这为他们打造约场馆 O2O 积累了大量的场馆资源。同时，优个网还能通过为场馆提供体育用户的支持来得到更多场馆的独家合作。

从优个网的布局来看,他们正在通过从体育用品、线下体验店,运动类 O2O 等构建一个庞大的体验 O2O 生态体系,刘旷认为优个网未来在体育 O2O 的胜算非常大,但是优个网未来同样也会面临一定的挑战:

挑战一:优个网的优势在体育用户资源上,如何能够把优个网近 500 万人的体育用品会员以及其他经常在优个网购买商品的用户成功地转化成优个网约场馆平台的忠实粉丝,这需要一个巧妙的引导过程和时间。

挑战二:在体育用品的垂直电商上,优个网目前已经建立起了自己的竞争壁垒,但是涌入运动 O2O 的平台非常之多,优个网面临的竞争对手也是强手如云,要想脱颖而出必须经过一场厮杀才行。

(四)约好友方式切入

对于很多体育运动者经常苦于运动而找不到共同的运动爱好者,诸如 Keep、去动、约运动、乐奇足球、开练等平台纷纷推出了交友的运动社区模式,通过约好友的方式来切入体育 O2O。原因有以下几个方面。

其一,对于一些羽毛球、足球、篮球等各类运动来说,这类运动一个人单独玩的话往往都没有什么意思,可是要找到志同道合的朋友一起来玩的话并不是那么容易,社交体育 O2O 平台的出现恰好满足了这部分人的需求。

其二,对于一些线下的体育培训课来说,他们也很愿意与这种体育社交 O2O 合作,这能够给他们带去很多学生,同时也能让这类运动爱好者在这里找到更多志同道合的朋友。

其三,约好友的方式在线上的互动性相较于其他平台会比较强,这种互动性能够增强平台的用户黏性,在用户入口上相对于其他平台会比较有优势。

但是对于约好友这种社交平台来说,线下会是他们最大的缺陷。

缺陷一:社交 O2O 平台对线下的控制力并不强,线下用户体验的质量无法得到保证。如果用户在线下体验不好,会影响到线上平台用户的黏性和活跃度。

缺陷二：体育类社交并不是一种强社交需求，微信建立了熟人之间的朋友圈关系链，陌陌则建立了陌生人的强心理需求关系链。而运动这类社交需求只是一种弱需求，这种弱需求维护下的社区很难进一步发展壮大。

（五）垂直媒体方式切入

媒体对体育O2O觊觎久矣，不管是四大门户的体育频道，还是新闻入者懂球帝，他们都在酝酿体育O2O，不过目前付出了实际行动的只有虎扑体育，虎扑体育通过与贵人鸟共同斥资20亿元成立动域资本共同布局体育O2O。虎扑体育的野心与优个网非常相似，他们最终的意图都是要打造一个体育O2O生态体系，不同的是优个网通过前面的积累开始打造自有生态，而虎扑体育则是想通过资本布局来构建一个O2O生态。

虎扑体育作为一个体育类的资讯平台，拥有强大的流量入口，借助这个流量入口，未来虎扑体育就可以为自己投资的O2O平台倒流量。比如目前已经接入虎扑体育资讯的识货平台就是一个体育用品的电商平台。

从用户的角度对比，虎扑体育平台上积累了一大批对运动非常热爱的读者，他们喜欢看各类球赛资讯，同时很多人自己本身也是体育运动爱好者，如果虎扑体育能够在自己的PC端和移动端接入各种体育O2O，会比较容易得到他们的支持。

从资本实力上来说，贵人鸟投资了虎扑体育2.4亿元，而随后虎扑体育和贵人鸟共同斥资20亿元成立的动域资本也是实力雄厚，这将帮助他们在未来的体育O2O烧钱大战中占据一定优势。

不可否认，虎扑体育借助多年的体育资讯报道为自身打造体育O2O积累了一定的优势，但其劣势也相当明显。

劣势一：在整个体育O2O行业中最终能够剩下来的平台并不会有太多，甚至可能就那么几家，虎扑体育通过投资来布局生态并不是一个十分明智的选择,而且目前动域资本所投资的都是创业公司,这类创业公司最终能够在体育O2O这条路上折腾多久还是个问题。

劣势二:将虎扑体育的流量入口资源与其所投资的O2O平台进行整合也是一件非常困难的事情。虎扑体育的优势在PC端,移动端并没有强势的入口,而O2O却是对移动端要求甚高的领域。

(六)培训方式切入

说到体育课程培训,大家最熟悉的莫过于黄健翔创办的动吧足球,此外还有火辣健身、叫练等体育O2O平台,都是专注于体育培训。

首先,这类平台都能够得到拥有某一细分市场特定需求人群的支持,比如专注于少儿足球启蒙教育的动吧足球就得到家长们的大力支持。而火辣健身则针对一些想要减肥的年轻群体,用户可以根据自己的健身诉求及运动难度等级选择适合的课程进行训练。叫练则是针对附近用户推荐健身课程,并且可以线下教练一对一服务。

其次,对于线下一些拥有体育课程班的场馆来说,如果该类平台能够给他们带来一定的客户流,他们自然也愿意合作,同时这类课程能够借助该平台获得一个很好的展示与宣传。

培训类O2O要想真正成为线下课堂的亲密合作伙伴并成为用户喜欢的平台,还需要弥补以下两个方面的不足。

不足一:入口流量。每一个课程班都具有一定的时效性,课程班能不能开起来取决于报班的人数如何,如果这类O2O不能给线下课堂带来足够的流量,后面继续合作的意义并不大。

不足二:缺乏对线下课程班的考核。很多学生通过这类培训O2O报了一些班之后,发现并不能学到自己想学的东西,或者他们认为并不值这个学费,就会导致线下体验不好,下次再通过该平台报班的可能性就非常小。很多线下课程班就是抱着骗钱的目的来做的,如果不能加强考核,消费者上当受骗的事情发生后就会对平台的影响非常不好。

(七)体育品牌方式切入

目前耐克、匹克等体育品牌都开始试水 O2O,他们一方面希望通过线上来扩大产品的销量,另一方面也希望通过举办各类体育活动来扩大品牌影响力和认知度。

第一,这类体育品牌通过成立自己的运动俱乐部,来聚集体育运动爱好者,进而培养这类消费者对品牌的忠诚度。比如耐克通过建立自己的微信跑步公众号聚集很多忠实的粉丝,然后通过线下跑步活动的举办大大增强了用户的黏性。

第二,过去耐克、匹克等体育品牌一直都是在线下耕耘,电子商务的快速发展对于他们线下门店的冲击力也非常大。如今他们试水 O2O,推出自己的线上平台,消费者也能通过他们的线上官方平台购买到自己想要的球鞋、球服。线上平台能够解决线下平台的高库存成本、品类不全等问题,同时也能与线下形成互补。

第三,从品牌的角度来说,耐克、阿迪等品牌都拥有一批忠实的粉丝,他们进军体育 O2O,其品牌效应是很多其他平台难以企及的。

当然,耐克、匹克等体育品牌本身的很多因素也注定了他们无法成为真正意义上的体育 O2O 大平台。

其一,不管是耐克也好还是匹克也罢,他们试水 O2O 的真正目的是为了带动品牌的销量,产品是他们的根基,也是他们的基因所在,这也注定了他们只会围绕着自身产品打造 O2O,不会向市场更大的体育 O2O 进军。

其二,每一个品牌都会有自己一帮固定的粉丝群,这既是好事又不是好事。其他品牌的粉丝群就很难成为该 O2O 上的用户,这会让平台的发展受到一定限制。

(八)组合拳方式切入

有很多体育O2O平台会通过约人、约教练、约场馆等多种方式的结合来切入这个市场,比如大满贯、动起来。

首先,对于运动爱好者来说,这类平台既能够预约教练、同时也能够约场馆、约朋友,甚至还能够在该平台上了解一些体育资讯,满足了很多客户的多样化需求。比如大满贯不仅专注于订场地、约教练和约球友,还与中国网球公开赛达成合作提供网球资讯。

其次,从平台的角度来看,组合拳的方式更像是一个综合型的平台,而其他单点切入的平台最终一定也会往多种预约方式的方向发展。综合型平台具备先发优势,能够率先建立起竞争壁垒。

再次,对于一个体育运动爱好者来说,如果一个平台能够同时满足他更多的体育运动需求,他自然也不愿意在手机里同时安装多个APP,从手机内存和用户的使用习惯来说,综合型的APP更适合。

但是组合拳方式切入体育O2O市场的话,同样也会面临一定的困难。

困难一:多种方式切入整个体育O2O市场,就意味着平台前期的人力成本会比较大,同时其扩张速度也会受到一定影响。

困难二:组合拳的各种方式之间能够进行互补,但如果哪一种方式出现了问题,也会对整个平台的其他预约服务产生不良影响,从而影响整个平台的稳定发展。

(九)视频媒体方式切入

说到视频媒体切入体育O2O,大家可能都会想到玩资本游戏比较厉害的乐视网,没错,它就是野心勃勃的乐视体育。如今的乐视体育已经远远不满足于对体育节目版权的购买,它背后还有一个更大的体育O2O平台梦。

1. 单点突破

通过与帕奎奥国际俱乐部达成合作，乐视体育打造了一个目前中国最大的拳击 O2O 平台，通过线上和线下培训以及举办职业联赛的方式，服务中国拳迷。同时乐视体育还将开发一款集获取信息、预订课程、约赛、社交等多功能于一体的拳击 APP，为拳迷们搭建 O2O 的互动与培训平台。

2. 软件结合

乐视体育通过与飞鸽车业达成战略合作，将推出智能自行车，同时乐视网和乐视体育还联合投资了益动 GPS，一款智能运动软应用，意图打造一个软硬结合的智能运动生态系统。

（十）智能方式切入

其实除了上文提到的乐视体育，咕咚运动、乐动力等平台同样选择智能方式切入。目前咕咚运动在智能运动方面发力比较猛，在推出硬件"咕咚运动伴侣产品"之后，又推出了咕咚运动 APP，之后又相继推出 Easy Fit APP、摇摇减重 APP、咕咚蓝牙智能秤、咕咚蓝牙智能心率带、咕咚手环、智能穿戴设备刷机固件咕咚 ROM。

从目前所有智能运动产品来看，他们都还只是提供针对运动状况等进行检测、统计、提醒等功能，而且目前智能运动产品的使用率并不高，要想从硬件切入软件 O2O 市场并没有那么轻松，这一点从小米手机今天的局面就可以看到未来，小米在移动端至今没有任何一款巨型 APP。

三、体育O2O的代表性企业

乐动力　乐动力隶属于北京朗动科技有限公司,公司成立于2013年4月,由刘超创立。作为一款手机计步APP,"乐动力"除了基础的计步功能外,还可以记录出行轨迹、每天消耗多少卡路里,以及PM2.5吸入量等,还引入了社交元素,用户可以查看附近使用"乐动力"的人的计步排名情况,关注对方并发送点对点信息。

乐动力于2013年5月获得了蓝驰创投数十万美元的种子轮融资,于2014年5月获得了DCM和蓝驰创投的数百万美元的A轮融资。

咕咚　咕咚隶属于成都乐动信息科技公司,由申波于2009年在成都创立,是一个软硬件结合的运动健康服务商。通过开始时的多次软硬结合的尝试,咕咚于2010年10月推出硬件"咕咚运动伴侣产品";于2011年6月推出咕咚运动APP。此后,其还相继推出Easy Fit APP、摇摇减重APP、咕咚蓝牙智能秤、咕咚蓝牙智能心率带、咕咚手环、智能穿戴设备刷机固件咕咚ROM。

咕咚运动APP、咕咚手环主打三大功能:运动状况提醒、睡眠监测、智能无声唤醒,是首款基于百度云开发的便携式设备。咕咚于2011年4月获得盛大1000万元A轮融资,2014年3月获得6000万元B轮融资,由深创投领投、中信资本跟投。

Keep　Keep隶属于北京卡路里科技有限公司,由王宇创立于2014年10月,是一个手机端的移动健身社区,可为用户量体裁衣提供多种健身方案。据公开资料显示,产品上线3个月便获得了200万名用户。

Keep于2014年12月获得了泽厚资本数百万美元的天使投资,并于2015年4月完成了A轮融资,出资人和具体金额不详。

动起来　动起来隶属于北京天天乐动科技有限公司,由夏仙强创立于

2014 年 3 月,是一个垂直于运动的社区。其通过线上的预订场馆和约人来实现线下的运动体验,还囊括一些体育赛事的一站式参与。动起来的前身是天天网球,后来扩大到了包括足球、排球、壁球、篮球在内的 8 个品类。目前,动起来已覆盖包括北上广在内的 20 座城市,用户数量也超过了10 万人。

动起来于 2014 年 12 月获得了金种子创投数百万美元的天使轮融资。

大满贯 大满贯 APP 隶属于北京全满贯科技有限公司,上线于 2014年 10 月,由许国明创立。平台不仅专注于订场地、约教练和约球友,还与中国网球公开赛达成合作提供网球资讯。用户也可通过平台自行组织比赛等。其特色在于将网球场馆移动管理方案、网球教练自我营销推广与网球用户信息相匹配,并为用户提供网球在线预约等一站式服务。

目前,大满贯已获得了种子轮融资。亿欧网此前曾对大满贯进行过专访——“看‘大满贯’如何突破运动 O2O 四大痛点”。

去动 去动隶属于上海律动网络科技有限公司,由创始人 Ted 创立于2012 年 9 月。去动从社区切入,与其他垂直社区相比,覆盖的运动种类较多。其最受欢迎的运动种类分别是跑步、健身(减脂和增肌)、游泳、羽毛球、瑜伽、篮球、足球。去动借由达人开设了运动教学课堂,“发现”板块更多 UGC 内容(User Generated Content,用户原创内容),“精选”则来自团队编辑的选择推荐。目前已经上线了短视频功能,短视频时长 10～15 秒,满足部分指导教学的需求。

2014 年 11 月去动获得 SIG 投资的 1000 万美元的 A 轮融资。目前团队有 20 人左右。

约运动 约运动隶属于成都鸟孩科技有限公司,由蒋志伟创立于2014 年 3 月,是一款以线下约为主题的社交 O2O 应用。通过该运用,运动爱好者可以在手机端发布地图运动邀约;教练或场馆商可以线上发布活动而由爱好者线下实际参与并支付。其板块之一的“找活动”集合了一些普通用户发起的活动信息,用户发布活动的门槛较低,输入运动项目、时间地点和基本介绍即可。

约运动已于 2014 年 10 月获得了联想乐基金数百万元的天使轮融资。

初炼　初炼隶属于北京人人乐动体育文化发展有限公司,于 2015 年 3 月由章恒、谢俊创立,是一款体育运动健康综合服务平台,主要提供关于羽毛球、网球、游泳、瑜伽、健身、跑步等运动的陪练、私教和随报随学的六人制培训服务。目前初炼上已经有 7000 多个教练,均是来自体校、健身房的专业人士,覆盖了游泳、羽毛球、健身、瑜伽、跑步、高尔夫等多个细分领域。通过初炼平台,教练可以零成本接单教学,每个教练都拥有自己的专属主页,管理课程和订单;学员能够以更低廉的成本选择自己的专属私教,定制自己的专属课程。

2015 年 6 月,初炼宣布获得动域资本、君联资本、联想之星联合投资,完成了 3000 万元的 Pre-A 轮融资。亿欧网此前曾对初炼做过报道——初炼获 3000 万融资,一大波运动 O2O 项目来袭。

火辣健身　火辣健身隶属于北京动如脱兔科技有限公司,上线于 2015 年 1 月,由徐威特创立,是一个定位于对健身感兴趣的年轻群体的平台,打造教学＋社交的移动健身产品。用户可以根据自己的健身诉求及运动难度等级选择适合的课程进行训练。目前提供的健身视频课程主要包括心跳燃脂、强壮身体、纤腿丰臀等方面,视频课程是由团队联系健身教练后进行的专业拍摄。

火辣健身在 2014 年 12 月获得了 Pre-A 轮融资,估值达到 9000 万元,由景林资本和虎扑文化共同投资,天使轮投资机构为阿米巴资本。

全城热炼　全城热炼隶属于和光同尘(北京)科技有限公司,由高冉创立于 2014 年 7 月,主打 99 元炼遍全城健身场馆。全城热炼与健身房达成合作,付费以月卡为主,用户需要提前三小时预约。通过 LBS 定位,来确定场馆、课程等。预订服务包括了 8 大类别、122 种项目的健身课程,其中既涵盖了瑜伽、器械、球类、舞蹈、游泳等传统大众项目，也包含了诸如击剑、射箭、拳击、武术等较小众的健身项目。

全城热炼已于 2015 年 3 月获得了数百万美元的天使轮融资。

乐奇足球　乐奇足球隶属于深圳市米诺奇科技有限公司，上线于 2013 年 3 月，由邱秋刚创立，是一款基于爱好者打造的足球社区应用。用户可以通过这个平台获得足球相关资讯，进行线上报名、招募队友、预订场地、匹配对手、约找裁判和线下 PK 等。目前已签下了以广州、深圳为主的 330 个球场。

乐奇足球在 2013 年 8 月获得了国富源投资 150 万元的天使投资，在 2014 年 9 月获得了 1000 万元的 A 轮融资，在 2015 年年初获得上海海捷和广东文投的 2000 万融资。

动吧足球　"动吧足球"是由知名足球解说黄健翔、荷兰国家队现役队长斯内德和互联网人士白强联合创立的品牌，是"动吧体育"首期 O2O 产品。动吧足球是动吧体育在微信平台上推出的一个 H5 应用，对接足球教师、场地和想参加足球运动的孩子，是专注于少儿足球启蒙教育的移动互联网体育服务平台。产品已于 2015 年 4 月正式上线。

动吧足球已于 2015 年 4 月获得了由几位创始人和今日头条天使投资人的 550 万元的天使融资。

叫练　叫练由余建、韩迪和欧文盛创建于 2014 年 12 月，隶属于北京脑洞科技有限公司。基于位置定位，叫练就近给用户推荐健身课程。APP 端课程页面上详细地介绍了上课时间、课程时长、适合人群、上课地点等事项。叫练还提供预约教练进行一对一指导的服务。每个教练的个人页面上都详细介绍了教练的个人简历、教育经历、获奖经历以及用户对教练的评价。在 APP 端选定教练便可直接购买该教练的课程。

叫练于 2015 年 1 月获得了高榕资本数百万美元的天使投资。

动网体育　动网体育隶属于北京动网天下科技有限公司，由梅子佳成立于2011年。动网从平台建设切入体育服务市场,专注体育场馆在线预订服务及关联服务,共有运动、培训、门票、活动、同城、咨询六个业务板块。在平台系统后端,动网免费向场馆开放,体育场馆自动管理和营销产品,同时可以获得动网在网站、APP、微信新媒体等方面给予的免费支持,以改善体育场馆信息化和智能化。

动网已于2014年底获得了挚盈资本数千万元的天使轮融资。

趣运动　趣运动隶属于广州柠蜜信息科技有限公司,上线于2014年1月,由关政罡创立,是一个由在线订场切入运动市场的项目。该应用目前在广州地区合作了几十家运动场馆,可完成在线分时段订场,价格平均比市场价便宜20%。趣运动帮助场馆方完成电子信息化建设,提供含场地管理、会员管理、订单核算、数据报表甚至卖品零售的全套CRM(客户关系管理系统),同时提供营销服务。

趣运动已于2014年2月获得了天使湾100万元的天使投资。

云高高尔夫　云高高尔夫隶属于深圳市云高信息技术有限公司,上线于2012年7月,由张曜晖创立,是一款专门为高尔夫爱好者量身定制的移动互联网手机应用。通过云高高尔夫,用户可搜索到各地高尔夫球会,也可在线预订球会Teetime和精品套餐等。订场是云高高尔夫客户端的核心功能,用户能够基于地理位置和设定条件搜索到实时在线的高尔夫球场Teetime信息并实现在线预订。

云高高尔于2011年12月获得了德迅投资数百万元的天使投资,于2015年3月获得了广发证券5000万元的A轮融资。

练练　练练隶属于上海练练网络科技有限公司,由丁若愚和张子豪联合创建于2014年4月,是一款集卖萌、健身、减肥于一身的软件。其可以根据用户的身材和需求,定制个性化减肥健身方案,中间穿插一些可爱的动画效果。

练练在2014年6月获得了数百万元的天使轮融资。

开练 开练隶属于北京易时悦动文化传媒有限公司,上线于 2014 年 1 月,由陈赞宇创建,是一款以 O2O 和运动社交为核心,致力于运动场馆运动媒体、运动社交和运动电商三方面对接的平台。开练还推出了运动通卡,用户可以在多个俱乐部凭卡消费。除此之外,开练还推出了落实到每家俱乐部的"俱乐部圈子"功能,关注俱乐部的用户可以在这个圈子里发照片,留言互动。

开练于 2014 年 1 月获得了时尚传媒数百万元的天使投资。

第六章

互联网＋体育健身休闲

一、互联网让跑步火了

（一）跑步类 APP 市场

2016 年 1 月,尼尔森联合中国田径协会发布了《2015 年中国跑步人群调查研究报告》。调查结果表明,2015 年,中国跑者的人均花费为 3601 元,而越有经验的跑者越会消费更多来提升他们的成绩。调查数据显示,马拉松核心跑者平均花费 4594 元,远远超过潜在跑者的 2333 元的平均花销。巨大的市场价值,也让以马拉松为代表的跑步赛事在中国遍地开花。2015 年,在中国田径协会注册备案的马拉松及相关运动赛事达到了 134 场,较上年增加 83 场,增幅超过 160%。艾瑞咨询近期发布的调查数据显示,2016 年中国互联网体育用户经常参加的运动项目中,跑步位居榜首,56% 的用户经常跑步。借助全民跑步东风,跑步活动和跑团的认知度和参与度逐步提升。2016 年 50% 的用户参与过跑步活动/赛事(2015 年为 46%),业余长跑活动最受欢迎,25% 的用户参加过跑团(2015 年为 14%)。基于市场需求的红火，主打跑步类的 APP 也成为资本市场四处出击的目标。以"跑步"为关键词在苹果应用商店上进行搜索，共 2331 个应用结果，或专注于跑步计数，或着重于社交互动，或致力于健身指导，其中运动社交领域尤为火热。

马拉松比赛一直是跑步类 APP 的兵家必争之地，在移动互联时代下，这些运动社交平台利用互联网的优势打破时间和地域的限制，将传统的线下跑步比赛变成线下与线上结合的运动浪潮。

近年来，广受跑友追捧的线上马拉松（线上报名，线下参赛）即是运动类 APP 创新服务形式的产物。传统线下马拉松，需要将参与者集中到固定的地方，存在比赛场地有限、参与人数有限、外地人员参与不便等问题。然而线上马拉松则有效突破了时空的限制，在马拉松比赛当日，用户使用相关运动记录软件，跑步完成全程马拉松或半程马拉松，即可获得线上马拉松完赛认证及实体奖牌。

(二)跑步类 APP 需求

跑步 APP 的主要使用人群是喜欢跑步的运动达人，他们对跑步质量有一定的要求，关注跑步健康，会对跑步数据进行分析，并喜欢分享自己的运动成果。

网上某机构通过线上问卷进行的调查分析，显示跑步类 APP 的需求如下。

1.关于分享统计方面的用户需求分析

由图 6-1 可以看出，跑步距离和跑步时间是绝大部分用户希望分享的数据组，因为这是判断跑步速度的重要数据，可以将跑步速度作为一项运动指标在 APP 上展示出来；其次希望分享的是跑步步数，从跑步步数可以看出用户的步幅大小，一般专业运动人士会留意这一方面的信息，这项信息可以作为次要优先级展示；少数人会关注自己的跑步轨迹，将跑步轨迹作为一个趣味性游戏对待，乐于在地图上留下轨迹图，这也是能够吸引用户的一项分享数据。

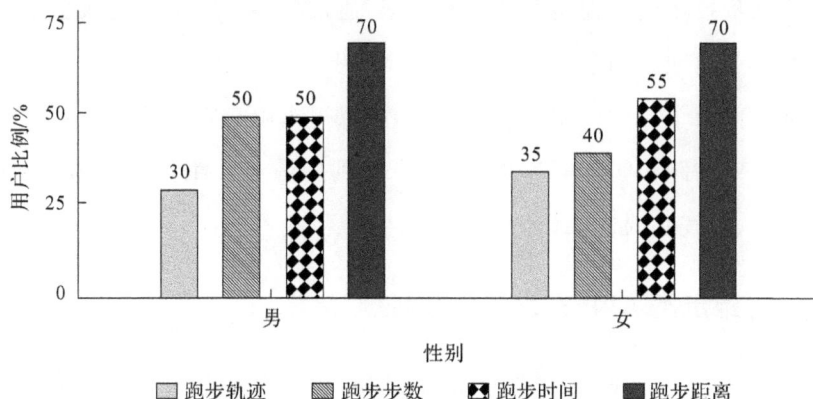

图 6-1　分享统计的用户需求分析

2. 关于跑步之前关注的因素的用户需求分析

用户在跑步之前会关注一些什么信息，来制定对应的跑步计划？图 6-2是基于男女两个性别人群的数据绘成的。

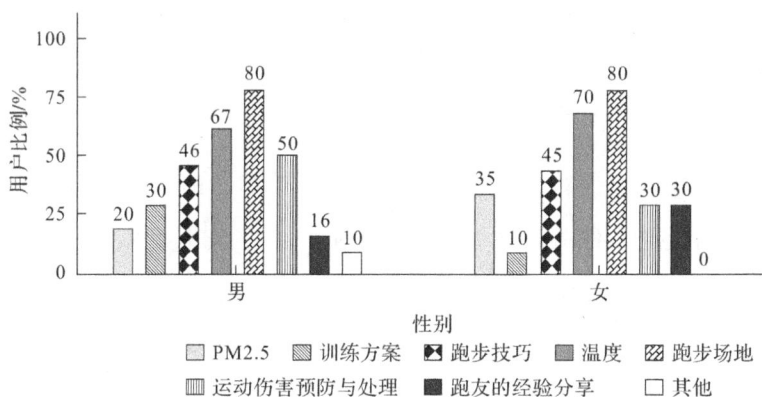

图 6-2　跑步之前关注的因素的用户需求分析

由图 6-2 可以看出，无论男女，最关注的都是跑步场地的问题，因为在陌生环境的人们想运动的时候考虑的是安全、适合运动的地方，对场地有一定的要求；其次是跑步的天气与空气状况，在现代人们日益注意健康的潮流下,人们会关注 PM2.5、温度等指数来制定自己的跑步计划;部分人会关注跑步技巧或其他跑友的经验分享,通常稍专业的运动达人会注意这一方面的运动健康问题。

从以上两个方面的用户需求分析,可以得出用户希望使用一款能够记录跑步距离和跑步时间等数据,并能了解到周围适合跑步的场地、当地的天气状况、空气状况的 APP。

(三)跑步类 APP 开发现状分析

苹果商店里有 3000 多个运动 APP 软件,其中有 1/3 都是专注于跑步的 APP 软件。虽然国内外的跑步 APP 开发非常的火热,但是各种跑步 APP 的活跃度相差甚大:前三名乐动力、咕咚运动、瘦瘦的月活跃用户数均已超过百万人。但排在后三位的动动计步器等月活跃用户数仅为40 万人左右,与第一名乐动力 219.27 万人的月活跃数相差了 4 倍。甚至有的跑步 APP 软件已经宣告死亡。根据品途网的《O2O 全行业死亡名单》,成立于 2013 年 7 月的竞技、娱乐跑步应用"赛跑乐"已经死亡。

(四)跑步类 APP 融资

一年间融资由热转冷,与 2014 年年底运动类 APP 密集融资的火热相对比,资本在 2015 年已明显降温。2014 年,约有 12 个跑步类 APP 获得风险投资。该年 3 月咕咚网拿到了深创投 6000 万元的融资,7 个月后又获得了 3000 万美元的融资。四年的时间,咕咚的估值从 50 万元人民币增至现在的 1.5 亿美元(约合 9.4 亿元人民币)。

同样是 2014 年,10 月至 11 月,包括去动、跑跑、约运动等在内的多款社交运动应用获得融资,涵盖天使轮、A 轮和 B 轮,投资级别达千万美元。2015 年跑步类 APP 领域的融资热潮降温,获得投资的项目大都处于A 轮、B 轮之后。到了 2016 年情况更加糟糕,获得投资的项目少之又少,获得千万级融资的仅有"约跑",其获得了全经联创新基金会千万级天使轮投资。在跑步项目上线上流量已被咕咚、悦跑圈、乐动力等几家瓜分殆尽,多数同类型 APP 逐渐无法生存,这也使得在跑步领域,尤其是近一年来已经罕有听到相关项目的融资消息。

(五)跑步类 APP 问题

目前运动类应用的数量如此众多,虽然每个软件各有特色,但在不少基本的功能上它们却表现出明显的同质化,看似每款产品都在更新,但最后大家都集中到记步与跑步上,大家能提供的都是 GPS 定位、显示运动路线图、耗时、卡路里消耗等最基础的服务。这种浅层的运动功能,不仅让用户陷入选择困难,也没能强化自己的独有性,建立竞争壁垒。

但是值得注意的是测算结果的准确性几乎是目前所有运动软、硬件厂商面对的最大的问题。不管是在步数的计算还是在热量的记录上,这些 APP 和专业仪器测试出来的数据都大相径庭。影响数据准确性的因素有很多,如不同运动产品本身的算法,所使用的传感器以及人体的复杂性因素等。上海体育学院运动学专家说,无论是在步数计算还是在热量记录上,目前的运动 APP 都与专业仪器测试出来的数据有一定的出入。即便数据准确的条件下做相同的运动,由于每个人身体条件不同,热量的消耗也有差异。因此,健身计划并非"放之四海而皆准"。

最后,盈利是跑步 APP 另一个还未找到答案的尴尬。互联网的精髓就是先占有用户,而且要确保用户高频使用,如此盈利自然接踵而至。但是跑步类 APP 产品太多,不可能向用户收费。国内用户对软件付费的意愿远比国外低,尤其是对工具类 APP,用户的依赖性更低,目前跑步 APP 的盈利点只有广告植入,但广告植入不仅要求用户基数特别大,而且存在损害用户体验的风险。

投资者已没有了过去的冲动,而是具备了对产品的理性评估和筛选鉴别能力。投资者意识到,中国的跑步市场的确具备很大潜力,但一款 APP 是否能将这种潜力化为实际能量,是另一回事。这不但需要专业的技术,更需要智慧和创意。现在许多已经具备海量用户的跑步 APP,还在挖空心思地将跑步与旅游、娱乐结合起来,就是为了提高黏性和吸引力。

(六)悦跑圈如何创新

悦跑圈切入跑步市场时间并不长,从 2014 年 2 月上线至 2016 年的一年多时间里,取得了不俗成绩:用户规模达到 1500 万,日活用户超过 50 万人,单场线上马拉松参与人数突破 30 万,全年累计参赛人数超过 160 万。已经完成了 A 轮 300 万美元、B 轮 1800 万美元的融资,即将完成 C 轮融资。

更值得关注的是,凭借赛事收入、品牌赞助以及装备销售等,悦跑圈已经初步实现盈利。这个成绩,在当前普遍烧钱的互联网创业领域中可谓凤毛麟角。

1. 以"跑步＋社交"构建专业社区

对于各大跑步类软件而言,跑步计量显然是基本核心,围绕"跑步＋"切入更多领域,例如跑步＋手环,跑步＋游戏等,虽然跑步 APP 设有社交功能,但并非其发展重点。悦跑圈则强调以"跑步＋社交"构建起一个更为纯粹的专业跑步社区。

悦跑圈不仅能够记录数据,还能发现、加入附近的跑团结识跑友,在为用户提供跑步这一共同兴趣的同时,悦跑圈还通过推出"悦跑说"内容平台,以行业资讯、专业测评、跑步技能等为所有用户打造专业跑步内容平台;此外,悦跑圈还会基于海量数据,为用户提供专业跑步建议与相关跑步装备,实现了集社交化、内容化、专业化于一体,从而构建起一个更为专业的跑步社区平台,构建起区别于其他运动 APP 的核心优势。

2."跑团经济"成重要盈利支撑

盈利问题,一直是困扰着各大跑步 APP 的难题,即便已经成立 8 年时间,号称估值 9 亿元的咕咚,至今依然没有盈利,悦动圈、乐动力、跑跑等莫不陷入这个怪圈:融资金额越来越高,却始终找不到一条有效的盈利模式。

跑步 APP 真正的盈利点在于线下而非线上,这是由跑步 APP 自身特性决定的。作为天然的 O2O 关系,跑步软件最终目的是让用户跑起来,而非存留在线上产生行为,用户自使用跑步软件之后,运动时间大幅增加。

而悦跑圈拥有超过 5000 个跑团,每年由跑团自发的赛事有数百场,每年举办参与的马拉松赛事更是超过 10 场,由跑步赛事所产生的直接收益以及周边奖牌、装备的销售,已经成为悦跑圈的重要赢利点。显然,在马拉松赛事已经成为各大城市争相热捧的效应下,跑步经济才刚刚开始崭露头角。对于跑步 APP 而言,大可借鉴欧美成熟的跑步赛事,引入更为成熟的运作机制,探索出符合自身的运营模式。

3.跑步 APP 的本质绝非跑步工具

在大多数人看来,跑步是一项门槛非常低的体育运动,任何时间任何地点都可以跑起来。用户下载一个跑步 APP 后,便开启了个人的跑步行为。这个过程中,用户常用的多是记录、定位、交友、分享等这些功能,跑步 APP 起到的也似乎仅仅是辅助作用。

与其他跑步 APP 不同的是,悦跑圈的真正价值在于,其能够利用自身的庞大数据库与专业的知识技能,结合用户身体数据情况,告诉用户该如何跑步锻炼,参加何种赛事,以科学化的手段避免用户陷入跑步误区。本质上来讲,悦跑圈要做的是一个体育服务升级公司,最终还是回到体育本质之中。

（七）跑步类 APP 的未来

1.数据提升产品竞争力

对于跑步用户而言,跑步距离和跑步时间、运动能耗和轨迹是用户最看重的数据,跑步类 APP 需要利用大数据平台,改进算法方程,用数据提高产品的竞争力。目前咕咚网开放了数据平台,允许第三方硬件产品接入,扩大了用户数据来源。但他们的数据主要用于变现,比如根据用户上传的运动数据,向用户提供与运动健康相关的产品和服务,比如推荐运动鞋、衣服。

2.打造"内容力",为用户黏性想办法

其实仔细观察,互联网＋跑步所催生的一大批 APP 更多的是一种在社交中炫耀的工具,这导致了它们在定位中更多的是"闹钟"而不是黏性高的"助手",说白了,它们更多属于互联网,而不是属于互联网＋运动。真正的互联网＋运动终归要回归线下,通过传感器统计数据,通过后台分析数据,让用户导流到线下活动,通过联动多个低频需求来实现高频使用,成为真正的健康助手。跑步本是一件枯燥的事情,一旦失去场景化的驱动,用户很容易失去自制力,APP 也会慢慢被冷落。如何创造有意思的能推动用户频繁打开的内容就变得格外重要。目前行业内多用打卡来提升激励体验,也有不少厂商主打社交牌。除了常规的分享与互动的社交板块,不少运动软件选择依托更多的约跑活动和赛事让设备应用和服务最终落地,增加用户黏性。例如咕咚官方就不断推出类似官方跑团、线上马拉松、跑马季等高频率的互动活动,将更多志同道合的用户紧密连接在一起。

3.探索盈利模式

目前运动 APP 的主要盈利模式多为广告,但现阶段能够拿到的数据有限,获取信息较难,下一步可以考虑多与硬件数据方合作,咕咚、乐动力、

悦跑圈等动 APP 无不在尝试与硬件结合。还有，现在仍然存活的运动 APP 已经开始尝试电商之路，与商品的连接是多数跑步 APP 都可能尝试的，但单纯的电商容易使自身好不容易积累的日活或者月活下降，下一步要着重考虑通过产生更紧密的联系形成统一规划。

二、自行车会是下一个风口吗

（一）自行车运动的市场

中国一直是自行车大国，《美骑 2016 中国运动自行车行业调查报告》显示，2015 年中国自行车总产量为 8026 万辆，总出口额为 5746.1 万辆。

但是凯泰资本调查显示（见图 6-3），拥有约 1 亿骑行人口的中国，运动自行车人口仅在 600 万人左右，只占总人口 0.4％，远低于法国的 80％ 和美国的 20％。而中国运动自行车销量仅占自行车总销售的 6％，而欧美国家这个比例非常高，运动自行车占整个自行车消费产业的 50％ 以上，英国甚至达到了 62％。

《2015 年中国运动自行车市场报告》中的数据显示，2015 年中国运动自行车市场规模在 76 亿～84 亿元。这个规模较去年下降了 16％～18％，不过 17 岁以下的骑行爱好者明显增加，更多人愿意为高端整车买单。

相比马拉松和健身等运动项目的大爆发，骑行运动显得有点沉寂。马拉松的爆发靠赛事拉动，而自行车是靠赛段拉动的，所以观感上没有那么明显。

但不可否认，运动骑行市场正在逐步崛起。2015 年，国内自行车赛，包括职业赛事、业余赛事以及各种骑行活动总计 3000 多场，同比增幅 30％左右。更好的消息是，越来越多的资金与人才进入了这一领域。

从图 6-3 可以看出自行车运动的前景：2025 年自行车运动人群预计可

以达到全国人口的 6％,从当前的 600 万参与者增加至 8400 万参与者。这将为自行车赛事储备带来规模庞大的潜在参与人群,相关消费市场也将会被带动。

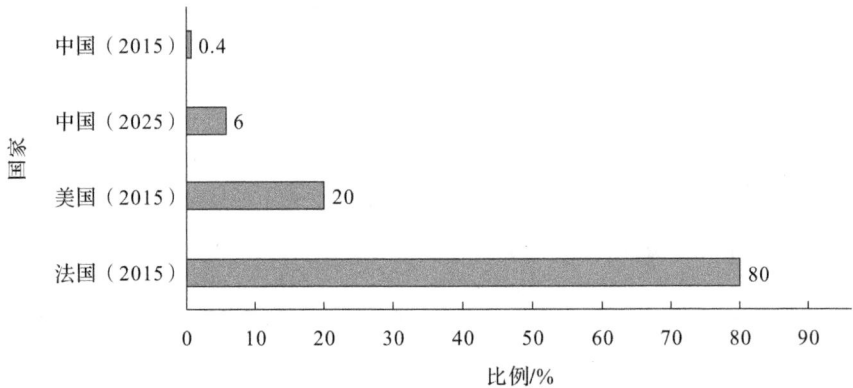

图 6-3　自行车运动人口占各国人口比例

来源:禹唐体育,36 氪研究院。

(二)互联网＋自行车运动发展态势

当前,互联网与自行车的结合主要集中于智能单车、骑行 APP 与相关骑行网站三项,这三项也是目前体育大佬切入自行车领域以及自行车创业的热点。资本的涌入是支持智能单车和互联网团队发展的基础,也正是资金上的优势,创业团队才能在硬件和软件上不断创新。

智能自行车这一概念被大众熟知还要从乐视超级自行车说起。乐视智能自行车项目从开始宣传便一路升温,也屡登微博热门话题榜。在乐视超级自行车前后,还有百度出品的 Dubike、小米智能自行车、700Bike 等相继推出,但市场表现亮点不多。

智能自行车虽然目前并未将市场打开,但就此打通了自行车与互联网之间的关系,而骑行网站与骑行 APP 的面市则将这一关系继续深入。骑行网站不仅涉及自行车产业相关信息,还包括赛事信息、骑行建议等多方面信息。在线 O2O 销售也是网站的主要板块之一,此类网站以美骑网为代表,不仅在线上布局还开发相关骑行 APP、组织线下活动。

与线上网站快速同步发展的还有骑行 APP。APP 的发展逐渐取代传统自行车码表的地位,同时还将公共自行车领域纳入其中,与政府合作,协助用户更快速地找车和租车。骑行工具类 APP 通过地图、数据记录、骑行社区互动等各类功能为自行车爱好者提供工具服务与交流平台。因此骑行类 APP 具有发起自行车赛事的直接资源优势。从图 6-4、图 6-5 中可以看出,目前就骑行类 APP 的用户月活跃程度和覆盖率来说,行者骑行排在首位,相较其他骑行类 APP 用户积累程度较好,但在 2016 年年初出现了向下的波动。黑鸟单车排在第二位,野兽骑行、骑记、美骑等 APP 用户覆盖与活跃度有所提升。

回看现有的几个骑行 APP,它们的发展都脱离不了 APP—智能配件—整车的轨迹。

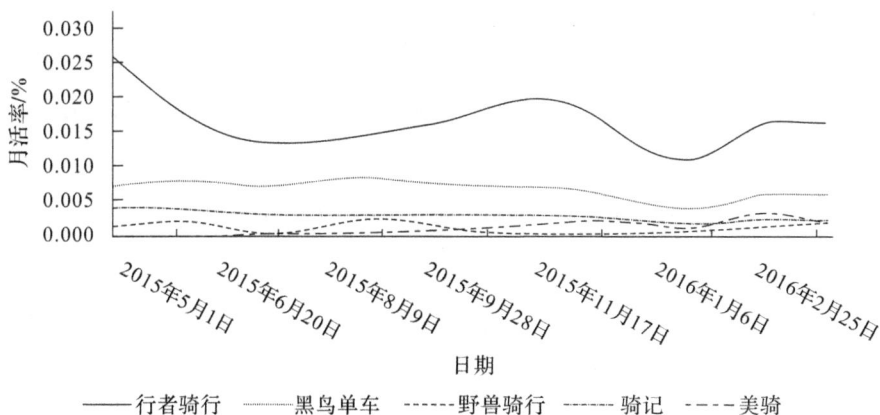

图 6-4　骑行工具类 APP 近一年月活率

注:月活率＝一个自然月中,可监测到的当月使用过某应用的智能移动设备数量/当月监测智能移动设备总数量 * 100％

来源:Talking Data,36 氪研究院。

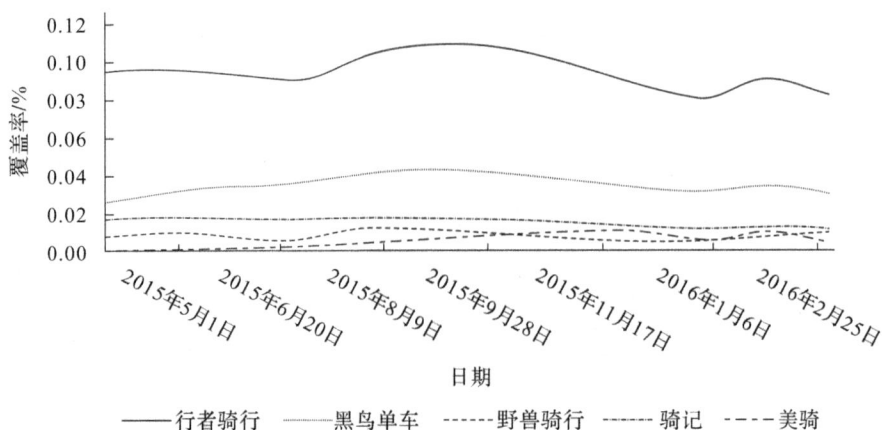

图 6-5　骑行工具类 APP 近一年覆盖率

注：月活率＝一个自然月中，当月安装过某应用的移动智能设备数量/当月监测智能移动设备总数量 * 100％

来源：Talking Data，36 氪研究院。

骑记从 APP 起家，再延伸至智能配件，之后加入小米生态链。野兽骑行延续了这一做法，从骑行社区开始，到 SpeedForce 智能中控，最终发布了碳纤维智能自行车。曲奇单车也不例外，上线 APP 后，智能码表众筹上线，获得千万融资后开始研发整车。

但从 APP 起家的黑鸟单车就坚持不碰整车。黑鸟单车联合创始人兼 COO（首席运营官）魏涛不看好骑行整车产品和电商平台，因此黑鸟坚持不做赛事、俱乐部和电商，不考虑整车，重心反而是用积累的用户数据来服务车行与俱乐部。

作为国内最大的移动骑行社区，黑鸟拥有 200 多万名注册用户和约 45000 个入驻俱乐部。目前智能配件和骑行路线开发是黑鸟的主要收入来源。2016 年 8 月底，黑鸟就发布了一款售价 177 元的码表。

"你可以把我们的商城理解成中国移动、国航的积分商城，更多是为了解决用户积分问题，是维系用户的工具。"黑鸟单车联合创始人兼 COO 魏涛否认卖配件是为了挣钱,线下服务中黑鸟要做更多的路线开发。

和黑鸟的打法类似,行者目前也致力于配件和线下服务。

在骑行 APP 寻求变现的过程中,零配件和服务成为目前的两大渠道。而整车,由于研发成本高、回收周期长,市场空间难以容纳多个品牌,从一开始各大团队跃跃欲试的方向,演变为不触碰或逐渐舍弃的对象。

此外,野兽骑行 APP 最近做了一次新尝试。苹果刚刚发布的 Apple Watch Series 2 和野兽 APP 达成合作,实时记录速度、里程等骑行数据,作为用户运动健康数据的一部分。

和苹果的合作一方面可以帮助野兽骑行吸引更多用户,另一方面能提升野兽的品牌。野兽把 APP 当作专业的工具来打造,分析骑行数据,软硬结合打造品牌,没有在商业模式上过多考虑。

整车和零部件在此前已被证明难度很大,原因在于硬件已经是一片红海。

这也是现在美骑的方向。这家 2015 年 4 月刚刚挂牌新三板的公司,业务范围包括主打内容的美骑网、做电商的美骑易购和美骑体育。后者为用户提供落地问题、组织活动或举办比赛,并提供整合营销策划服务,这是目前美骑的主营收入来源。

2016 年上半年,美骑收入超过 689 万元,同比增长 55.78%,不过亏损仍逾 500 万元。

同样专注于服务环节的还有破风。破风目前为 B 端客户提供策划、路线、组织、保障的一站式骑行活动服务,每月服务上千人次,每人每天的费用在 300～800 元不等。加上已启动的赛事服务,破风已经实现整体盈亏平衡。

表 6-1 显示了部分创业团队所获风险资金情况。

表 6-1　部分创业团队所获风险资金情况

公司	轮次	金额	投资方
700bike	A轮	1500万美元	高榕资本、华创资本、IDG资本
LIVALL	A轮	8000万人民币	信中利投资领投
野兽骑行	天使轮	100万美元	真格基金
	A轮	5000万人民币	创新工场
	A＋轮	3000万人民币	新动金鼎基金
轻客	A轮	4000万人民币	九合创投、启迪资本
	B轮	1.5亿人民币	清控银杏、清控金信、泽贤投资
云迪科技	A轮	数千万人民币	顺为资本领投、富士康、高通、真格基金
野途	天使轮	2000万人民币	未公布
美骑	A轮	千万级人民币	启程创投、创新工场
BeginONE	Pre-A轮	千万级人民币	未公布
基本概念	天使轮	数百万美元	未公布
行者	A轮	一千多万人民币	湖杉资本、银杏谷资本
黑鸟单车	Pre-A轮	千万级人民币	易一天使领投

三、"互联网＋"能颠覆传统健身房吗

（一）"互联网＋健身"的发展史

中国的互联网健身始于 2013 年年初，在人人网社区起家的 Fittime 等开始出现，最初的模式是利用社交平台建立健身达人社区，辅以一些健身咨询的分享等。2014 年的年中之后，伴随宏观政策的出台，运动健康概念开始大热。互联网健身一下成为市场关注的焦点，各种项目也开始扎堆进入。相应地模式也从最初的简单社交，到线上定制化的视频培训，逐渐向线下场馆 O2O 等模式过渡。截至 2016 年 10 月，市场里成型的互联网健身项目大约有 30 个，大致可以分为以下几类（见表 6-2）：健身教学＋社交类的 Fittime、Keep、火辣健身；场馆 O2O/ClassPass 模式的小熊快跑、全城热炼、燃等；线上教练服务型的初炼、叫练等；将跑步和健身结合的数据记录工具，如悦跑圈、乐动力等。

表 6-2　互联网健身项目分类

项目类型	品牌举例
健身教学＋社交类	Fittime、Keep、火辣健身
场馆 O2O/ClassPass 模式	小熊快跑、全城热炼、燃
线上教练服务型	初炼、叫练、约教练
跑步和健身结合的数据记录	悦跑圈、乐动力、咕咚

将互联网健身这一类项目按照模式和融资时间点进行划分，大致可以分为表 6-3 中这么几个阶段。

表 6-3　互联网健身模式变化

时间	健身模式
2014 年 1 月前	计步/跑步
2014 年 1 月—2014 年 12 月	健身教学/社交
2015 年 1 月—2015 年 6 月	类 ClassPass/教练 O2O
2015 年 6 月—2016 年 3 月	课程 O2O
2016 年 3 月后	/

从表 6-4 可以看出，互联网融资可以分为以下几个阶段。第一阶段：2014 年的 1 月之前，Fittime、动动、乐动力开始相继完成天使轮，其以健身社交、计步软件为主。第二阶段：2014 年 1 月至 2014 年 12 月，专注线上健身课程和社交的火辣健身、Keep、人马君等项目相继出现并完成天使轮融资。第三阶段：2015 年 1 月之后，类似教练 O2O 以及 ClassPass 等模式的全城热炼、燃、初炼等开始出现并完成天使轮和 A 轮。第四阶段：2015 年 6 月之后，在

经历一年多快速融资和膨胀式发展之后,中国的互联网健身行业似乎走到了一个"分水岭"。资本市场走弱的大背景下,几乎所有细分的创业领域都面临接下来的融资难题,在这个过程中,获得资金的团队将会留存,反之会被淘汰。互联网健身领域,开始了一场围绕资本的搏杀和洗牌。最新的阶段:2016 年 3 月之后,行业里跑在最前面的领头项目已经相继启动 B 轮和 C 轮,如当年 4 月 Feel 宣布完成 B 轮融资,投资方为动域资本,金额接近亿元,用户数在 6 月突破 3000 万;5 月 16 日 Keep 宣布获得 3200 万美元 C 轮融资,用户量突破 3000 万,同样在 5 月,咕咚宣布完成 5000 万美元 C 轮融资,用户到达 6000 万。此外还有趣运动、章鱼 TV、悦跑圈等。

表 6-4　互联网融资阶段

时间	融资项目
2014 年 1 月前	咕咚(A)、动动(A)、乐动力(A)
2014 年 1 月— 2014 年 12 月	Fittime(A)、Keep(天使)、火辣健身(天使)、人马君(天使)、练练(天使)、沸腾时刻(天使)、Feel(天使)、柠檬运动(天使)、咕咚(B)
2015 年 1 月— 2015 年 6 月	小熊快跑(A)、全城热恋(A)、叫练(天使)、初炼(Pre-A)、火辣健身(A)、Keep(A)、燃(天使)、即刻运动(天使)
2015 年 6 月— 2016 年 3 月	Keep(B)、火辣健身(B)、燃(A)
2016 年 3 月后	Keep(C)、咕咚(C)、Feel(B)

注:后缀为融资进度。

(二)"互联网＋健身"兴起的原因

1. 基于 Airbnb 的共享经济让互联网健身普及

传统健身通常是以个人或单位的形式来进行,而个人健身更多的情况下是以家庭或泛家庭关系为主,而这种基于原本就已经共享原则下的关系难以实现更多优质资源的互补并惠及更多人,最终将会走向封闭。

单位进行的健身则会由于开展时间、规模等环节的不确定性与不可持续性容易发生中断，并难以产生持续性效果。个人信息、健身资源、专家资源的无法及时共享让传统健身始终停留在一个较为低级的水平，个人健身缺少专业指导、单位健身缺少持续性、大型赛事难以惠及更多普通民众成为一段时期以来体育健身界难以解决的弊端。

"互联网＋"时代的到来，让人们在生活中越来越多地享受到它的共享特质带来的诸多便利。因为共享，人们享受到了传统行业无法享受的服务，看到了传统行业当中无法看到的风景。健身同样如此。当互联网遇上健身，人们日常的健身便开始打破原有的以家庭或泛家庭为主，以单位或官方健身为辅的健身格局，进入一种全新的共享经济"桃花源式"健康。

通过互联网，人们能够借助组团、约战、建队等形式打破原有的健身圈子，获得一种基于互联网社交的全新的健身体验。通过健身，组建新的圈子，认识新的朋友，共享更多的资源和心得，打破传统的健身格局。这就是基于 Airbnb 的共享经济理念萌发而成的全新的健身模式。而这种模式无疑能够融合更多的人，汇聚更多的人，让更多的人享受到互联网健身的便利。

2. 需求增加只是表象，生理原因才是根本

很多人都将互联网健身的兴起归因于人们健身需求的增加以及对健康关注度的提高。其实，这本身就是一个误区。因为人们的健身需求的增加只是表象，人们健身更多是出于生理方面的原因。

生活压力的加大、人际关系的危机、家庭关系的单调让更多的人试图通过健身打破原有的生活圈子，组建新的朋友圈。然而，这种生理需求显然是家庭或泛家庭关系抑或是同事、同学等熟人关系无法解决的。

基于互联网衍生而出的微博、微信等社交媒体为解决人们浅层次的生理需求打开了一个缺口，微博建立了一种共享、互现的交流平台，微信建立了一种熟人、分享的交流平台。然而，平台只是平台，它们还只是一些较为粗略的信息汇总，并没有对人们的需求进行精准定位。微博的大而散让人

们在共享信息的时候缺少安全感,微信的相对封闭则让人们在扩展新的圈子时遭遇到了壁垒。

基于共同偏好而形成的全新的健身圈子,既能够规避微博和微信的弊端,又能成为人们满足生理需求的一个最佳突破口。健身作为一个在现阶段的中国社会还比较新潮的行业,自然吸引了更多年轻人的关注,而远离固有的圈子,衍生于全新偏好的需求则能够为人们找到一个生理需求的最佳解决点。互联网健身无疑能够满足人们的这一需求,并更容易被人们接受。

3.技术驱动是内因,资本只是点缀

资本的轮番驱动让更多的人看到互联网健身在资本寒冬下的突出表现,其实,这并不是它能够获得如此多关注的真正原因。从本质上来讲,互联网健身之所以受到如此多的关注,还是互联网信息技术深度影响传统行业的一个表现,资本只不过是趁机把钱赚了而已。

互联网健身的出现其实是互联网技术开始与传统行业发生化学反应的一个表现。同所有的行业一样,互联网技术深入每一个细胞内部,并让传统行业已经形成的结构发生了改变与再造,从而萌生出一种全新的事物。

这就是技术的力量。它能够从事物的内部让其发生改变,再吸引外部资本的关注。而资本原本贪婪的本性让它们总是能够在不经意间便能够觉察到事物本身的力量。

因此,互联网健身企业陆续在资本寒冬下获得资本融资,只不过是资本在技术驱动下觉察到商机之后的一种本能的反应而已。技术对传统健身行业的改造才是发生这一切的“始作俑者”。

(三)“互联网＋健身”能否颠覆健身房

分析“互联网＋健身”能否颠覆传统健身房之前,我们先来看下国外“互联网＋健身”的项目。

ClassPass　用户只需每月花 99 美元,即可任意在全美 20 多个城市的 2000 多个健身房中上课。课程内容包括动感单车、瑜伽、普拉提、力量训练、CrossFit 等等。

Wello　Wello 是一个远程健身视频教学网站,通过双向视频功能,让用户在家可以和教练通过视频沟通、学习课程,还能三五个人组团健身。教学课程打包出售,分为 4 节、10 节和 30 节三种。比如 10 节一对一课程为 199 美元,每节课 30～60 分钟;10 节小组课程为 99 美元,每节课 60 分钟。课程包括基础训练、瑜伽、普拉提、恢复训练、有氧操、高阶训练和武术。

Fitmob　用户可以找到附近的健身课程或精品健身房,还能给健身房评价、追踪进度,查找同样健身的小伙伴。只要每月花 99 美元,就能随机、无限次去与 Fitmob 签约的健身房锻炼。另外还有个 MobTribe 项目,一个完全自助的私教小组课。用户可以选择当组长,并指定训练水平、时间和地点,找到至少三名小伙伴,Fitmob 就会挑选一名合适的教练带这个小组进行训练。训练内容完全以结果为导向,比如瘦臀、练腹肌等等。一种课程共 6 周,每周 2 次。价格比通常私教课低 70%。用户可以在配套 APP 上沟通联络。

国内仿照 ClassPass 发展起来的例如全城热炼,用户只要支付 99 元,一个月时间就能任选这个平台的健身房锻炼。仅有的不便在于,同一个健身房每个月只能去三次。几乎一样的模式还有小熊快跑。同样 99 元包月的费用,小熊快跑承诺,用户能在他们旗下 2000 家场馆去"无限次"。而对健身房,小熊快跑采用的是类似团购的做法,让健身房每个月定出可以售卖的次数上架。还有"燃健身"他们让用户按照每次健身花费 20 元至几百元(贵的通常是私教课程)的费用,不包月,去一次付一次。

这些服务的切入方式不完全相同,但和健身行业一起都迈进了这样的方向:用互联网预定的方式,改变健身房年卡昂贵和捆绑的消费方式。

看上去，这些互联网服务同时满足了健身房和用户的需求，有一个行业要被颠覆了，就像当年快的、滴滴打车一样。

但在这件事上，健身房有截然不同的看法。健身房往往与互联网的健身平台预订服务不欢而散。因为这里有一个矛盾。一方面这些互联网平台希望通过包月提供更好的体验争取用户，另一方面，他们又不希望体验好了之后用户去太多，因为平台需要给健身房补贴，补贴还有梯度，单量越高，每单补贴则越多。这就相当于用户每多去一次，平台就要给健身房付一次钱。

另外这些互联网平台有优步的心却没有优步的命，互联网预订平台对健身房并没有控制力。优步司机只能通过优步接活。司机们为了每周的奖励，每天工作十几个小时，为乘客提供好服务让其给五星好评，否则补贴就没了。但目前互联网平台与健身房的合作更像 2013 年滴滴、快的和出租车司机的关系。出租车不需要打车平台也能接单，对于健身房来说，互联网平台也只是其中一个营销渠道而已，如果这个渠道并不能给它们足够的甜头，它们可能就会取消合作。

2015 年 7 月后，不止一位全城热炼用户预订课程后在现场被拒。有些即使能够正常进入健身房，但在工作日繁忙时段，购买 99 元包月服务的用户无法使用柜锁。健身房内，全城热炼用户只能将背包放在跑步机旁练习，像极了几年前在餐厅被区别对待的团购顾客。

其实健身房的改变不难理解！

其一，建一个健身房的成本很高，一个中小型的带游泳池的健身房，按照 300 平方米来算，光是场租加上设备购置，估计就需要 150 万元。这还不算招人的费用。健身房需要通过年卡的收入支付固定场租和购买维护设备，因此大部分中高端的健身房并不愿意用单次收费的方式来招揽客户，因为这样资金回笼太慢了。其二，健身房提供的器材数量一般远小于他们实际的会员数量，就是赌很多交了钱的人不会来健身。像杭州舒适堡年卡价格在 5000 元以上的,会员办了卡却很少去,健身房会拼命地推销自己的私教课程来获利,这种结构的健身房,不太可能因为 99 元钱来合作,最多把平台当成导流的角色。

但是互联网却正在改变教练和健身房的共生关系。教练原本是依附于健身房——这曾经是唯一有稳定客流的地方,但互联网＋使得每个人都可以通过手机获取教练资源、在线付款甚至直接视频教学。

教练们选择这些平台的原因有两点:一个是少分成,一节私教课300 块钱,教练往往也就只能拿到 100 多块钱;二是他们不需要像原来在健身房那样背着"卖课程"的指标了。跟健身房里的会籍顾问相类似,私人教练的收入也来自其所售出的私教课金额的提成,因此,私人教练也存在着较大的销售压力,需要努力完成尽可能多的销售业绩。而互联网平台就不会了,没有这个指标,教练就能更专心地提升教学效果,长远来说,或许回头客更多。而由于场地的限制,互联网健身无论是卖 99 元的"月卡"还是 30 元的"次卡",最终都不是合作的主导一方。

但是目前我国的"互联网＋健身"很大程度上存在着"伪需求"。在目前的市场里,很多健身类 APP 通过两头补贴(一方面补贴场馆、教练,另外补贴用户)来增加用户流量,维持日均活跃度,在一定程度上造成了市场乱象。此外在产品上,我国目前大多数"互联网＋健身"产品都是模仿国外。火辣健身参考了"Demo""Runtastic"等,小熊快跑、全城热炼则是模仿国外的"ClassPass"模式。在互联网的前十年,这种模仿是很成功的。但由于我国健身行业的特殊性,简单复制拷贝不可行。以"ClassPass"模式为例,"ClassPass"模式在美国的成功跟美国整体健身习惯有关,而我国居民的健身习惯还在培育之中。此外"ClassPass"争取到了不少高端品牌的健身房资源,这一点在国内基本很难实施,因为 99 元的超低价格偏离了原有的健身市场,在国内中高端的健身房是不愿意开放给这些互联网颠覆者的。最后,在收费模式方面,"ClassPass"采用的是通过信用卡绑定定期直接扣款的方式。而在我国，这种收费方式是尚未被用户接受的。另外，我国目前"互联网＋健身"产品主要强调社交、线上教学、线下教练等方面，但是强调社交必然陷入和"微信""陌陌"等巨头社交软件争夺市场份额的尴尬局面，强调教学又由于国人从小没有健身的习惯，依靠视频教学往往无法完成健身运动。强调教练则存在我国私教市场教练鱼龙混杂、服务质量难以控制的问题。

四、"互联网＋健身"的未来

"互联网＋健身"的未来存在三大趋势或变化，从技术融合角度，结合智能硬件提高健身效率；从业务融合角度，个性化定制会成为主流；从市场融合角度，"互联网＋健身"将会重新回归线下。可能出现的变化有以下三方面。

(一)技术融合趋势：软硬件综合发展

国外互联网健身产品数量前三名分别是视频课程类、智能硬件类和健身计划类，而饮食定制、信息聚合、社交网络以及健身O2O类产品相对较少，仅占总数的 4.5％左右。相比国外，我国的"互联网＋健身"的智能硬件产品还相对较少。目前绝大多数 APP 软件只是把地理位置系统、场馆和教练链接起来。内容生产模式很容易被复制模仿。要想在"互联网＋健身"产业中生存，必须要结合智能硬件技术。目前"互联网＋健身"可以发展的有：利用体感技术为在线教学提供互动支持，实现训练动作的实时反馈，获得真实的训练数据；建立以数据为依托的训练体系，这将解决我国健身人群由于此前接触健身少导致各类视频教学健身效果差的困境。此外，引入硬件，可以根据智能硬件反馈制定训练方案，使得训练方案更加精准化个性化。

（二）业务融合趋势：个性化定制健康

随着经济发展，人们对健康会越来越重视。根据长尾理论，在互联网时代，消费者倾向选择符合自己个性的小众商品。46 号文件明确地提出了"运动处方"这一个概念，不同的年龄、性别、身体条件的人群适合他的健身方案是不同的。"互联网＋健身"未来可能不单单跟健身房合作，还需要拓展跟医疗结构合作，建立"医疗机构—互联网平台—健身房"三方合作机制。这将大大提高平台的竞争壁垒，让用户有机会接触到最科学且服务良好的整体健康服务。具体操作方法如下：医疗机构出具客户健身状况的评估报告以及简单建议，客户拿着这个选择平台上一家健身机构，专业健身教练根据其报告定制属于个人的健身计划。同时定期向医疗机构问诊，跟踪健身效果。健身房私人教练的授课训练和医疗机构的顾问，将会大大提高用户的健康效益，将用户留在平台上。

（三）市场融合：重新回归线下

"互联网＋健身"实质上比拼的是教练跟场馆的资源，最终还是需要线下资源。目前小熊快跑、全城热炼都开设了线下实体店。光猪圈健身更是一方面在线下开设"小而精"的健身房，一方面在线上推广光猪圈 APP，将会员付费、健身房课程表、会员预约教练以及视频教学课程等功能都放到 APP 上。未来，线下"互联网＋健身"可能还会有酒店健身房合作。2015 年，柠檬健身在和传统健身房合作不顺后另辟蹊径，选择从闲置的五星级酒店健身房切入，取得了成功。酒店健身房其实是一块闲置的、未被开发的资源。此外，大型健身俱乐部特别是些连锁的俱乐部以后可能也会切入"互联网＋健身"市场中。它们有教练和场馆的优势，一方面采用互联网手段扩大影响，增强与客户的沟通调动客户健身热情，另一方面利用自身的优势打造类似"ClassPass"或者"健身＋社交"模式的 APP。这将会对"互联网＋健身"的市场造成大的冲击。

五、电子竞技:群雄争霸

(一)电子竞技的概念

电子竞技,自从 2003 年被国家体育总局正式批准承认为第 99 个正式体育竞赛项目以来,在我国已经历经了十几年的发展。这十几年间,电子竞技历经世人的偏见、媒体的冷淡,也承载了民族的荣耀和青春的梦想。2015 年 6 月 8 日,体育总局电竞负责人明确表示电子竞技成为一项正式的体育项目,同时在年底决定于 2016 年举办首届全国移动电子竞技大赛(CMEG),电竞终于被"合法化"。

电子竞技最初的概念是由局域网游戏产生的。当玩家在当地网吧进行游戏竞争的时候,自然而然地就产生了在联网对战中的一种游戏的新型玩法。所以,电子竞技的起源被认为是在世界各地的网吧,真正发明这个概念的就是广大单机游戏的玩家。这些玩家通过局域网技术将原本的单机游戏在网吧进行联机对战,从而产生了最早的电子竞技。

国家体育总局对电子竞技的定义是:"以信息技术为核心的软硬件设备为运动器械,在信息技术营造的虚拟环境中,在统一的竞赛规则下进行的人与人之间对抗性的电子游戏运动,通过竞技可以锻炼和提高参与者的思维能力、反应能力、心眼四肢协调能力和意志力,同时还能培养团队精神。"

电子竞技常常跟网络游戏混合在一起,但是电子竞技不同于网络游戏。网络游戏是指以互联网为传输媒介,以游戏运营商服务器和用户计算机为处理终端,以游戏客户端软件为信息交互窗口的旨在实现娱乐、休闲、交流和取得虚拟成就的具有可持续性的个体性多人在线游戏。在性质上网络游戏是以追求感受为目的的模拟和角色扮演,相对而言并不十分重视或者需要游戏的技巧。电子竞技运动更接近于体育运动,强调对抗性和竞技性。从运行的载体和网络环境上说，网络游戏基于互联网，电子竞技运动主要基于局域网，目前一些新近的电子竞技运动是基于互联网的。

此外很多人也认为电子竞技是与足球篮球等体育项目平行的体育项目。实际上，电子竞技是游戏竞技化、职业化所衍生的体育项目，它与足球、篮球等项目的确有相似之处，但应处于与体育运动相同的竞技项目。由于载体不同，体育运动是采用特定环境内，在规则范围内使用特殊道具所展开的竞技比赛，而电子竞技则是采用在特定的环境内，以游戏为基础在规则范围内进行的竞技比赛。

（二）电子竞技市场广阔

作为游戏与竞技的结合体，电子竞技深受年轻一代喜爱。据华创证券测算，电子竞技行业约有 800 亿元的市场空间，其中，游戏运营、赛事运营、游戏媒体分别具有 200 亿元、300 亿元、300 亿元的市场空间。而一项伟大的赛事，在 A 股的市值空间甚至可达 812 亿元。艾瑞咨询《2015 年移动电竞市场研究报告》显示，目前我国移动电竞的市场规模已达到 50.9 亿元，且未来将以 35％以上的速度保持增长。另根据公开数据统计，2015 年全球电竞观众的总数达到 1.9 亿人，在全球单项赛事的观众排行中名列前茅，其中中国的电竞观众约为 8200 万人（直播用户 4800 万人），已经成为全球第一大市场。

根据体育 Bank 统计的 2016 年 1—4 月的投融资数据显示，有关游戏电子竞技方面的融资数量达到了 31 起（见图 6-4、图 6-5），尤其是在近段时间，有关电竞产业方面的投资数量更为可观，每周都会有 2～3 家新的公司受到资本的青睐，同时这些数据也在各方平台都得到了认可。这反映出的不仅仅是产业的火热，更多的还是社会对电竞发展前景的乐观估计和对电竞市场未来繁荣昌盛的肯定。

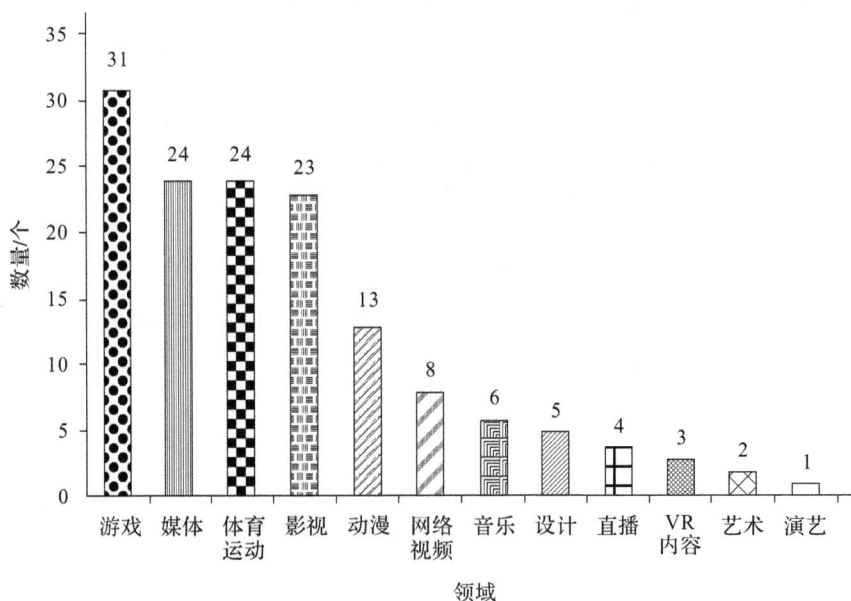

图 6-4　投资事件细分领域数量

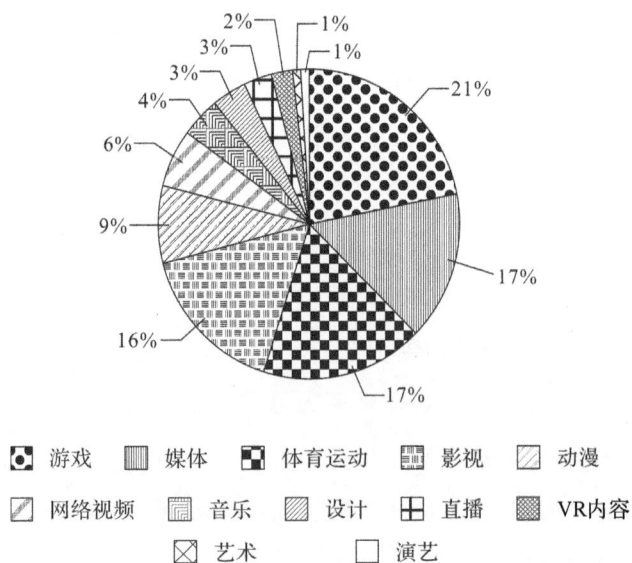

图 6-5　投资时间细分领域分布情况

（三）电子竞技在我国的发展

我国电子竞技运动起步较晚，其出现可追溯到 1996 年，当时电脑游戏不断发展，并且引入了一批竞技类网络游戏，如《反恐精英》《魔兽争霸》等。从那时开始，电子竞技运动在我国出现并开始发展。2014 年以前我国电子竞技运动发展缓慢，对其潜藏的巨大产业价值开发得还很不充分。2014 年之后宽松的行业环境、强大的资本推动和人力支持推动了行业迅速繁荣发展。电子竞技成为新的"风口"，越来越多的年轻人开始愿意在家里看电竞比赛，玩电竞游戏。在这样的情况下，最近几年电竞行业从稚嫩期往成熟期发展，同时产生了爆炸性增长。截至 2015 年，全国共有 9700 万的电竞爱好者，整个电竞产业的相关产值超过 500 亿元。与之相对应的是各类电子竞技赛事数量的快速增长。截至 2015 年，由国家体育总局主办的国家级别综合性赛事有 4 项，各类省市级赛事有数十项之多。而那些由商业公司举办的比赛更是难以计数。

和 2015 年移动电竞仅仅是概念起步相对比，2016 年由于政策的进一步利好以及社会主流对电子竞技极大的促进作用，移动电竞的发展更加迅猛。整个电子竞技市场呈现百花齐放的状态。

2016 年 3 月 19 日，国家体育总局宣布成立中国移动电竞产业联盟，并公布 2015 年我国电竞市场整体规模达到 270 亿元。政策扶持力度进一步加大。

2016 年 4 月 18 日，国家体育总局体育信息中心联手大唐电信主办的首届全国移动电子竞技大赛开赛。

2016 年 4 月 27 日，发改委明确鼓励开展电竞赛事，代表国家对电竞项目再一次正面认可，为电竞赛事的举办提供了政府书面支持。

2016 年 9 月初，教育部在其官方网站上发布《普通高等学校高等职业教育（专科）专业目录》，在"体育类"中新增"电子竞技运动与管理"专业。

在此之前的 8 月份,内蒙古锡林郭勒职业学院率先开设"电竞班";9 月底,湖南体育职业学院宣布将于 2017 年开设电竞专业。

2016 年 11 月 18 日,人民网微博发声"为电竞正名",赞扬中国战队 Wings 勇夺 DOTA2 国际邀请赛(TI6)冠军并获游戏界奥斯卡 TGA(腾讯游戏竞技平台)提名。

(四)互联网巨头对电子竞技的争夺

1.乐视

2016 年 5 月 21 日,乐视体育在北京举行电竞产业规划发布会暨乐视体育 WCA 战略合作签约仪式,宣告全面进军电竞行业,并冠名全球范围内最具影响力的电竞赛事 WCA(世界电子竞技大赛)。在签约仪式上,乐视体育已经明确表示,未来将通过产业化和商业化两大路径,以人才培育为基石,构筑"达人＋产品＋赛事＋内容"的全新电竞商业体系。

"乐视体育目前在电竞行业是一个新兵蛋子,以后将会有很多需要学习的地方。"但同时,电子竞技已经从传统认知的游戏,成为全球性的新兴产业和体育运动不可或缺的新项目,受到亿万年轻人的普遍欢迎。不仅乐视体育如此认识,各家大型公司也在跑马圈地,巩固自身在电竞行业的一席之地。

乐视体育 2016 年在体育产业中的布局,让其在巨头纷争中占据最有利的位置,但相对于其他公司的快速出动,乐视体育反而给人一种刷装备升级的感觉。

5 月 18 日:与 FIFA Online 3 宣布建立创新合作伙伴关系,开创"王者争霸"电竞欧洲杯赛事,打造奖金最高、水平最高的全民足球电竞嘉年华。

5 月 19 日:同时基于变现的需求,乐视体育合并棋牌 & 电竞频道与游戏业务部,成立电竞事业部,以提升乐视体育该业务板块的变现力。

5 月 20 日:乐视体育首款发行运营的游戏产品《梦幻德扑》正式上线,计划结合产品打造第一个自主 IP 游戏赛事，同步推出线下德扑比赛及活动。

5 月 21 日：乐视体育在钻石球场宣布与著名电竞赛事 WCA 展开战略合作，同时宣告全面进军电竞行业。

2. 万达全产业链覆盖，连破上中下三路

相比于乐视在电竞方面的突然崛起，万达的布局则早已进行。王思聪对于电竞产业的喜爱可谓是路人皆知。从最初创建普思资本，创立 IG 电子竞技俱乐部，再到投资乐逗游戏、云游控股，以及投资天鸽、乐视体育，王思聪正在一步一步布局电竞产业。

上游（大型公司）：王思聪 5 亿元成立普思资本，2013 年 4 月，400 万美元参与云游控股 B 轮融资，获得了云游控股 1.05％的股权；2014 年 8 月，590 万美元获得乐逗游戏 1.3％的股权；2015 年 9 月，8000 万元入股英雄互娱；2016 年 4 月，5000 万元领投人皇 sky 创立的品牌"钛度"A 轮融资。

中游（直播平台）：2015 年 9 月，创立游戏直播平台熊猫 TV 和香蕉计划，前者迅速成为直播平台的一大巨头，后者拿下了 2016 年 LPL（国内顶级英雄联盟赛事）的承办权，比赛将由著名主持人段暄主持。同时投资天鸽互动与乐视体育，目的在于巩固直播平台的产业链。

下游（电竞战队）：2011 年 8 月，收购 CCM 战队强势进入电子竞技，随后改名 Invictus Gaming(IG)俱乐部，旗下汇聚大批人气主播，甚至有 Angelababy（杨颖）这样的一线明星。王思聪本人还担任了中国移动电竞联盟的主席。

3. 腾讯专注内容赛事，泉水中不断提升

从几年前开始，腾讯就在推"泛娱乐"战略。根据腾讯 2015 年度财报，以网络游戏收入为主的增值服务收入占其总收入的 79％，网络游戏成为腾讯用户变现的主要方式。2016 年 3 月，腾讯发布了移动电竞战略，其核心在于体育产业上游的核心游戏 IP 和强大赛事。从 2015 年下半年开始，腾讯游戏在精品战略的思路下，重点布局了 FPS（第一人称射击游戏）和

MOBA(多人在线战术竞技游戏)品类及 TPS(第三人称射击游戏)品类游戏。

在最受用户欢迎的四大类竞技游戏中,腾讯移动游戏 MOBA/FPS/竞速品类的市场占有率均超过 80%。在 MOBA 品类已出现了像王者荣耀这样爆款的产品,全民突击、穿越火线枪战王者在 FPS 品类中一直保持非常好的用户基础。在这样的基础之上,腾讯目前已经拥有了最大规模的移动电竞用户,用户规模占总体移动电竞用户的 86%。

腾讯相比于其他的大型公司,其最大的优势就在于对自身优质游戏的把握力度,从最初的升级模式游戏,到后来的 DNF、CF,再到目前全民游戏英雄联盟,其在娱乐效应上的影响力巨大,甚至手游天天酷跑,参与的人数都十分可观,这是因为有着核心内容的优势,也让其通过举办大型电竞赛事,宣传游戏 IP,吸引关注度,归化玩家数量,导流入游戏中使变现成为可能。

2018 年 3 月腾讯投资以电子竞技起家的斗鱼后,斗鱼体育部分直接并入腾讯旗下的企鹅直播,目前点击斗鱼跟体育相关的直播会直接跳转到企鹅界面,这次腾讯的再次加码可能会促成双方更多资源的互换。另外值得注意的是,腾讯还投资了另一家游戏直播平台——龙珠。根据艾瑞 iUserTracker 监测统计,斗鱼和龙珠的合计日均覆盖人数在行业中占比超过 80%。坐拥这两家平台的腾讯,无疑在这一领域有了更强的把控力。如此全方位的投资操作,让腾讯在这场竞争中占据有利位置,游戏直播业务可以进一步丰富内容,提升游戏用户黏性。

2015 年腾讯已经成功成为全世界最会赚钱的游戏公司。而英雄联盟的开发团队 Riot Games 也入驻腾讯,中国顶级的游戏制造工厂又得到了强力保证。在未来电竞事业发展的助推中,腾讯也会发挥惊人的力量。

4. 阿里办赛事一骑绝尘,冲击电竞产业高地

阿里体育相比于其他三者,在电竞方面的布局相对来说较少,但在

2016年3月底召开电子竞技运动会的新闻发布会,正式布局进军电子竞技产业,也是此次电竞产业发展浪潮的先锋者。

根据当时发布会的内容,阿里体育旗下电子体育事业部正式亮相,同时宣布启动原创电竞赛事WESG,总投入将超过1亿元。这项赛事仅全球总奖金就高达550万美元,涉及比赛项目包括:DOTA2,总奖金150万美元;CS,总奖金为150万美元;星际争霸2,总奖金为220万美元;炉石传说,总奖金为30万美元。大赛于2016年4月拉开大幕,4—8月举行中国区的预赛,而全球总决赛于12月在中国进行。

此外,阿里体育还选出了首批20个电竞场馆,欲创建电子竞技的开放平台。未来阿里体育电竞将会不断吸引高学历的精英选手,完善教练、管理层、球员工会等管理规则,形成一个成熟的精英赛事联盟。

5. 电商苏宁等

除了体育产业界目前的四巨头,电商苏宁成立"苏宁电子竞技联盟"(Suning Electronic Sports)并立志在2016年举行非职业组和职业组赛事,借助线下门店,打造电竞赛事和训练场;莱茵体育与阿瓦隆公司签署协议,子公司莱茵达电竞将处理日常管理和赛事运营,积极布局打造电子竞技赛事、国际竞训中心、电竞网咖及电竞网络平台;匹克联手TCL涉足体育电竞市场,并实现公司跨界营销的新模式等等。各家公司也都看准了电竞市场的火热,开始走自己的电竞之路。

从DOTA2奖金池超3000万美元到网吧英雄联盟启动次数超过4亿次,再到后来电竞选手、主播身价逐步提高,天价转会费频出,电竞直播平台如雨后春笋般冒出,周杰伦、Angelababy、张雨绮等明星先后登场。电子竞技迎来了发展的时代,但在未来电竞事业的发展能延续多久,势头如何,我们还是需要像各公司一样理性看待这个特殊的产业。

(五)电子竞技产业链条:电竞能像足球、篮球一样吗?

目前商业赞助仍是商用游戏电子竞技的主要盈利模式。数据显示,目前国内电子竞技(包括网游)用户规模为 3 亿人左右,电子竞技的盈利主要还是电竞赛事收入以及电竞衍生收入,还有转(直)播版权、广告赞助及赛事彩票等收益,完整的电竞产业链最大的价值来源是以电竞俱乐部、选手、主播以及赛事运营和节目制作方为核心的电竞内容生产环节。此外,电视和网络直播转播平台也越来越受到资本和行业的重视。未来兼具内容生产能力和内容播放渠道的厂商经历市场整合会占据优势,也更有机会依靠打通产业链拓展更多商业模式。

目前,国内电竞产业的变现方式主要是两种:一种是流量变现,这是互联网行业的通用变现方式,包括游戏联运、电子商务及广告等;另一种是内容变现,主要包括围绕电竞的相关内容探索用户付费模式,包括赛事竞猜、会员订阅、增值服务等。目前,国内电竞行业的变现方式主要还是前者,不过随着游戏电竞直播的火热,内容变现的份额也在增长。

随着国内电竞日趋专业化和市场化,有望向足球、篮球等清晰的传统体育市场靠拢,变现渠道更加丰富。

(六)电子竞技的非理性繁荣

易竞技的一篇文章中讲:移动电竞是一个有潜力的市场,但还有漫漫长路要走。一款游戏能否成为电竞项目,需要满足两个条件:一是参与性,广泛的参与性是产生竞技需求的源头;二是要有观赏性,观赏性强,才会引起人的关注,才有举办赛事的可能性。而手游有些移动电竞项目本身就像是端游电竞项目的移植,如王者荣耀、全民枪战。游戏机制本身和端游差别不大,只是在操作方式上做了适配移动终端的调整。从技术上讲,受限于移动端的载体形式,这类对战类游戏操作的复杂程度并不会超过同类端游。这增强了参与性,但也使得高水平竞技者之间的差距很难拉开,让观赏性打了折扣。虽然现在的移动游戏比赛在进行直播时,能有各种各样的辅助手段来提高观赏性,如 AR,但始终不能达到端游电竞比赛那样的观赏效果。

从产业上讲,总的来说这两年在资本、政策等多方推动下,电子竞技行业已逐渐步入正轨,以游戏研运、赛事举办、战队俱乐部运营、比赛与衍生内容制作、内容传播为主线的电竞产业链已经走向成熟化、专业化。但是就像很多"互联网＋体育"项目一样,大批量企业踏入电竞行业,容易造成电竞产业链中某些环节"虚火过盛"。特别是在移动电竞上,由于传统意义上的端游电竞已被腾讯等互联网巨头垄断,因此,企业一窝蜂瞄准了移动电竞市场。

易观互动娱乐分析师董振认为,在整体的电竞产业环节中,目前处于行业领先地位的腾讯等企业仍没有在电竞领域形成完善闭合的商业化模式,而其他厂商在此时纷纷进行电竞布局,切入不同环节,更有一些急功近利。"电竞每个产业环节并未形成雏形,这样的急功近利会造成资金、运营等方面的诸多问题。"

另外,在资本操作层面电竞产业也面临着更加严格的监管。自2016 年 5 月证监会收紧跨界收购影视、游戏、VR 等三类项目来看,影视游戏公司的资产证券化,往往在估值、业绩承诺上面临更大的不确定性,也成为证监会的监管重地,不管是行业内的并购还是跨界并购,大多未获通过。2016 年 11 月 24 日《关于重大事项的进展公告》中,英雄互娱表示,华谊兄弟拟购买公司部分股份。12 月 6 日,英雄互娱却发布公告称,终止与华谊兄弟的交易事项。对于此次终止与华谊兄弟的交易事项,英雄互娱方面表示,交易价格未达成一致,因此并未谈拢。华谊兄弟方面也表示,由于英雄互娱属于公开挂牌公司,标的资产涉及股东众多,公司与交易方经过多次协商,最终未能就本次重组标的资产的整体估值和本次交易价格达成一致意见。实际上，根据停牌前的股价计算，英雄互娱的市值已经超过 150 亿元，比一年前华谊兄弟首次收购其股份时增长近 60 亿元。对此，业内普遍认为失败的原因正是英雄互娱的估值增长过快，不排除其存在虚高的问题。

(七)电竞行业未来发展趋势

1. 电竞娱乐化

在电竞普及大众的背景下，娱乐明星对电竞游戏的接触度较高，因此明星跨界电竞行业日渐成为潮流。此外，电竞选手与主播需要开发其商业价值、提升社会认可度，经纪公司对其进行偶像化包装也是必然现象。受资本运作、市场环境和明星个人发展等各方面因素影响，娱乐和电竞的跨界融合必将是大势所趋。

2. 电竞制度规范化

作为一项新兴竞技体育项目，电竞行业自发展伊始，相关管理制度就未得到完善和规范。未来在国家相关部门主导以及行业自律联盟的监督下，电竞行业参考体育运动项目标准进行运作管理，将会逐渐形成健康规范的发展机制。

3. 电竞 VR 化

VR 概念备受瞩目，其在电竞游戏上具有美好的应用前景。目前业内已有 VR 电竞赛事的尝试，而传统电竞游戏通过 VR 直播搭上了 VR 概念。预计未来随着 VR 用户规模的迅速扩张，大量射击类、动作类 VR 电竞游戏将会出现在市场上。

第七章

互联网＋体育竞赛表演

一、IP 争夺战

(一)体育 IP 的概念

IP 的英文全拼是 Intellectual Property,即知识产权。显然,自主产权,是其基本含义之一。体育 IP 即体育的知识产权或版权,按照分类主要可以分为体育赛事 IP、俱乐部 IP 和体育明星 IP 三种。赛事 IP 的建立一般是通过整合体育场馆 IP、俱乐部 IP 以及体育明星 IP 完成的,是体育 IP 甚至体育产业链中最核心的内容,规模最大,影响力也最为深远。表 7-1 列举了体育 IP 的三种类型。

表 7-1　体育 IP 类型举例

IP 类型	知名 IP
赛事	奥运会、世界杯、网球四大满贯、F1 方程式、NBA、NFL、英超等
俱乐部	足球有巴萨、皇马、拜仁,篮球有火箭、勇士等
明星	梅西、C 罗、梅威瑟、勒布朗詹姆斯、费德勒、泰格·伍兹等

懒熊体育《体育 IP 到底是什么？我们用 3 万字为你做了简单的梳理》一文曾经对体育 IP 下过这样的定义：

"传统的体育 IP 的构成概念可以这样组成：第一是核心赛事，赛事对应的有各种俱乐部，俱乐部内部有各种明星球员，对赛事俱乐部进行统一管理的又有一个统一的联盟；一个核心的 IP，就由联盟、俱乐部、球星共同组成，而赛事本身就是体育 IP 的内容产品。对于未来，体育 IP 的定义可能是更多和互联网、娱乐领域模式的结合。比如，一个拥有营销能力的网红健身大 V（拥有大量粉丝的'公众人物'）、体育与娱乐内容结合的综艺产品、新兴的另类趣味赛事，如 CrossFit、障碍跑、SoulCycle 等等。简而言之，拥有吸附粉丝能力，在不同平台可以任意传播，能够通过影响力产生商业变现的，在体育内容领域都可以被称为 IP。"

（二）体育 IP 的特征

1. 核心的供给要素是优秀运动员，其提升需要时间

无论是赛事、俱乐部还是体育明星，最核心的要素都是优秀运动员。优秀的运动员是打造优秀赛事的关键，是体育产业供给侧的最关键要素。我国体育产业囿于长期封闭的举国培训体制，大众运动基础建设缺乏，虽然奥运会上我国的金牌数量往往高居前列，但我国的优势项目主要集中在个人赛事以及商业价值不高的运动类型上。这些运动项目里优秀运动员的选拔并不是依靠庞大的群众运动基础，而是依靠庞大的人口基数来挑选天赋出众的运动员，集中资源进行封闭式训练。在商业价值较高的运动类型以及团体类的运动上，我国优秀的运动员却屈指可数，使得赛事水平不高，尤其以足球和篮球为甚。

根据《福布斯》杂志的统计，2015 年世界体育明星收入排行榜为：收入最高的 2 位体育明星基本被美国、西班牙等体育产业发达国家所占据，而运动类型也集中在足球、篮球、拳击、橄榄球、F1 等高对抗性、高娱乐性的体育项目上，这也充分说明高娱乐性的运动类型更具有商业价值。

大量优秀运动员的涌现,依赖于群众运动基础的建立、场馆的大规模建设、人才退出渠道的设计,与体制和社会教育价值取向关系密切,而这些改变非一日之功,因此,供给侧的提升需要时间的积累,难以一蹴而就。

2.体育 IP 具有稀缺性和永续性

优秀运动员的大量涌现需要时间的积累,运动员构成的赛事更是如此。纵观世界知名赛事,我们可以观察到:首先,IP 需要很长的培育时间。世界知名的赛事,基本上至今都有百年的发展历史,无一例外。赛事的成长需要单项运动的普及、运营经验的积累、商业开发的成熟、自身质量的提高、影响力的沉淀和扩散等,这些决定了赛事从举办开始到成为品牌需要时间的积累(见表 7-2)。

表 7-2 著名赛事诞生时间一览

体育类别	赛事名称	诞生时间	体育类别	赛事名称	诞生时间
综合	奥运会	1896 年	自行车	环法自行车	1903 年
网球四大满贯	澳网	1905 年	三大汽车比赛	F1 方程式	1950 年
	法网	1891 年		世界汽车拉力赛	1973 年
	温网	1877 年		达喀尔汽车拉力赛	1978 年
	美网	1881 年	六大马拉松	波士顿马拉松赛	1897 年
篮球	NBA	1946 年		纽约马拉松	1970 年
足球	世界杯	1930 年		伦敦马拉松	1981 年
	英超	1888 年		柏林马拉松	1974 年
	德甲	1962 年		芝加哥马拉松	1977 年
	意甲	1929 年		东京马拉松	2007 年
	法甲	1932 年	高尔夫四大满贯	美国高尔夫公开赛	1895 年
	西甲	1928 年		英国公开赛	1860 年
橄榄球	NFL	1922 年		PGA 竞标赛	1916 年
	WBC	1963 年		美国名人赛	1934 年
拳击	WBA	1921 年	中国代表性 IP	中超(含甲 A)	1989 年
	IBF	1976 年		中网	2004 年

其次,强势 IP 已形成的领域,新 IP 培养机会较小。以上列举的各项著名赛事,在单个领域已经成为品牌,即强势 IP,其影响力仍在持续积累,

在这些领域,新 IP 形成的可能性较小。以世界杯为例,世界杯已成为足球迷的狂欢节日,所有的资源和认知都被其占据,再出现一个新的世界杯与其竞争,其可能性几乎为零。

优秀赛事 IP 的养成受限于项目本身的属性,也依赖于时间的积累。冰冻三尺非一日之寒。而在已经存在强势 IP 的领域,新 IP 的培养基本得不到成长空间。这意味着已有的优秀赛事 IP 是稀缺资源,赛事 IP 拥有方掌握着充足的议价权。体育赛事 IP 具有稀缺性,其形成需要时间,但一旦形成,则其生命周期则远超过其他内容产品,具有永续性的特征。

3. IP 的培育:高娱乐性、高参与性的赛事更具价值

随着人类社会的持续发展,体育赛事的类型也在持续扩张。在国家体育总局的统计中,主要的奥运项目和非奥运项目见表 7-3。

表 7-3　主要奥运项目和非奥运项目一览

类型	具体赛事品类
奥运项目	足球、篮球、排球、乒乓球、羽毛球、网球、体操、击剑、棒球、马术、拳击、摔跤、曲棍球、射箭、冰球、滑冰、滑雪、手球、垒球、举重、柔道、帆船、跆拳道、皮划艇、现代五项、铁人三项、游泳、射击、田径、自行车
非奥运项目	飞镖、壁球、健身气功、广场舞、电竞、钓鱼、体育舞蹈、武术、龙狮、高尔夫、摩托、台球、摩托艇、汽车运动、龙舟、国际象棋、健美、滑冰、掷球、潜水、极限、拔河、轮滑、保龄球、门球、毽球、软式网球、桥牌、健身操、登山、象棋、围棋、风筝

这仅是众多赛事类型中的一部分,而除奥运会之外,世界知名赛事所属的体育项目往往局限在少数几个项目中,包括足球、篮球、网球、赛车等,这是因为竞技体育在实质上是竞技表演业,具有很强的娱乐属性,娱乐性充足更有利于品牌形成。从体育的起源看,高对抗性和竞争性的体育运动更易得到青睐。运动起源于原始人出于生存需要而狩猎和捕捞的活动,"更高、更快、更强"者方能获取更多的生活资源,提高生存的概率和延续血脉。因此在人类无须担忧衣食住行的今天,体育满足的是人类长期进化而形成的

心理需要,高对抗性、高竞争性、高刺激性的体育项目更能得到人们的青睐。赛事的充分商业化,推动赛事娱乐性和观赏性的进一步提升。体育运动的推广和发展离不开市场的作用,商业化融入体育赛事要求赛事本身具备足够的观赏性,以获取最大化的利益。而赛事的观赏性除了规则改良和商业开发之外,与项目本身属性也密不可分。如钓鱼、举重、门球等项目,缺乏对抗性,运动本身不够动态,其观赏性相对来说不足,商业开发价值也有限,不利于 IP 的培育。高参与性的体育项目能在一定程度上弥补竞技性和观赏性的不足,提高商业开发价值。体育运动本身的属性在一定程度上决定了赛事的商业化前景,但如果其群众基础好,参与人数广泛,能够有一定程度的弥补。在这种情况下,赛事运动成为线下流量入口,通过其广泛的参与性,吸引用户从而具备商业价值。高参与性项目应具有群众基础好、参与门槛低的特征。从图 7-1 的国内马拉松比赛总数和参赛人数可以看出,近年来路跑开始在国内兴起,一方面源自国人生活水平提高后对健康的追求、政府和商业机构的推广,一方面得益于其本身的易参与性,对于参与者经济能力的要求不高。与路跑类似的运动还有广场舞、自行车等,参与的门槛均较低。

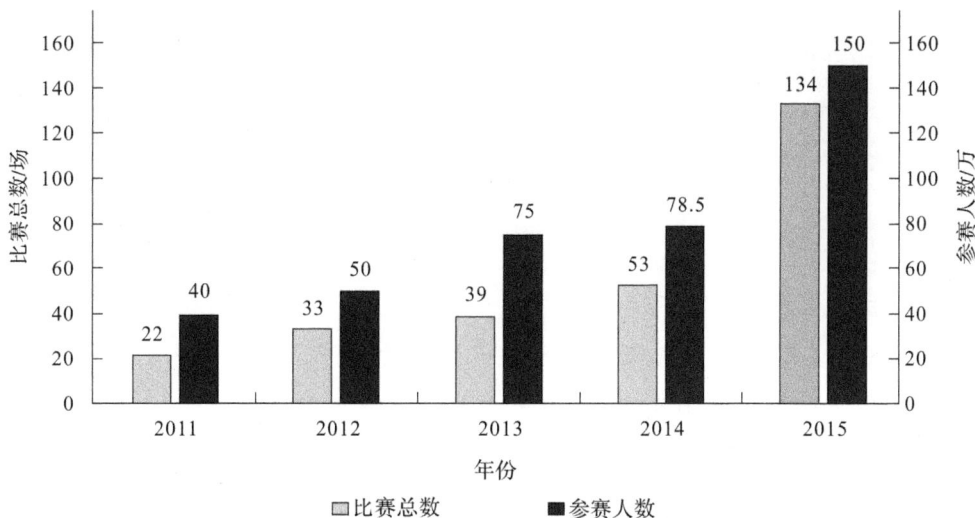

图 7-1　近些年国内马拉松数量和参赛人数

（三）我国的体育 IP

我国体育产业由体育 IP 经体育服务业向终端消费者传导的链条始终未能形成良性循环，大多数体育项目都依靠政府直接或间接补贴度日，绝大多数体育场馆也都依靠政府财政投入支撑日常运营。长期以来，我国体育产业都承担着提升国家荣誉的崇高使命，产业发展高度依赖政策导向，体育产业链中赛事运营、场馆运营和体育营销的核心环节都由政府掌控，形成了严密的管理体系。僵化的机制严重限制了我国体育产业的发展空间和市场活力。目前我国体育赛事分类如图 7-2 所示。

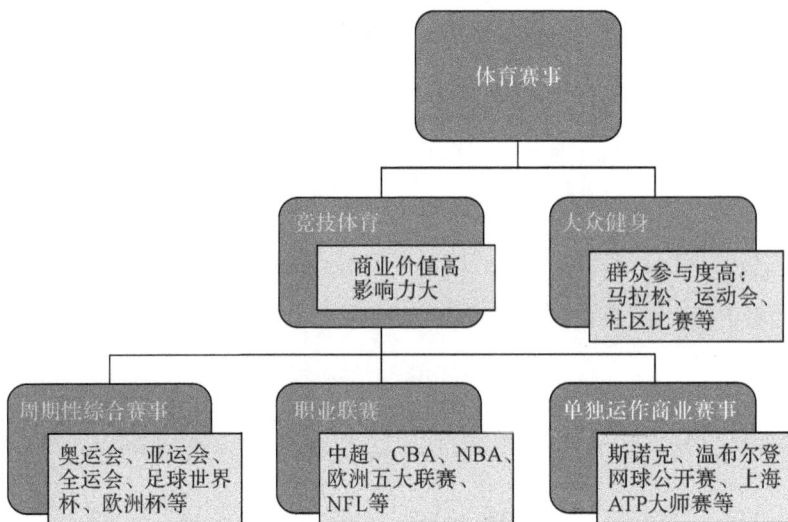

图 7-2　中国体育赛事分类

自改革开放以来，中国体育产业一直走在"去行政化"的道路上，但从图 7-3 可以看出，由于长期依靠政府驱动发展，体育产业链尚未形成有效的循环运作机制，体制因素在当前仍制约着体育产业发展。

国产体育 IP 影响力较低，变现能力较差，因而整体亏损，同时体育传媒业在近年来高价争抢体育 IP 版权的过程中同样持续亏损。例如，2015

年中超联赛各俱乐部总收入约 32 亿元(其中中超公司收入 7 亿元,其他 16 家俱乐部合计收入约 25 亿元),作为目前国内影响力最大的体育赛事,总体仍亏损 15 亿元。中国乒乓球超级联赛在 2014 年甚至没有主赞助商,2015 年也只有冠名商,赞助费仅为 1000 万元。

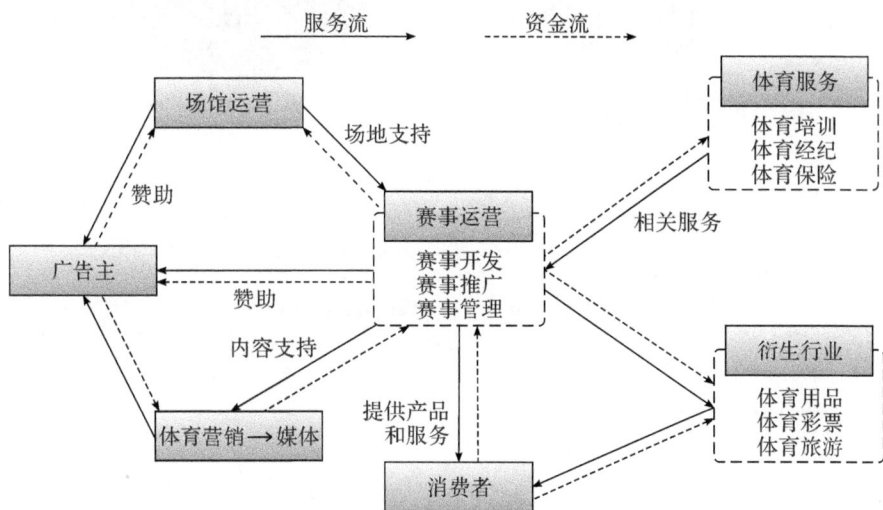

图 7-3　我国体育产业链关键环节

(四)IP 的市场

根据灼识咨询测算,2015 年中国体育赛事 IP 市场规模达到了 118.4 亿元,预计 2020 年突破 390 亿元,达到体育产业增加值的 4％左右。懒熊体育假设:第一,到 2025 年国内体育产业增长规模能够达到 5 万亿元。第二,届时国内体育产业整个版图的分布和美国目前成熟的体育产业分布一致。根据当前体育产业规模和分布(见图 7-4),按照以上测算方式,整个体育产业到 2025 年的未来 9 年里年均复合增长率将达到 14％,其中体育 IP 和内容板块的年均复合增长率会达到 20％,成为 IP、服务、产品三大板块中增幅最大的板块。

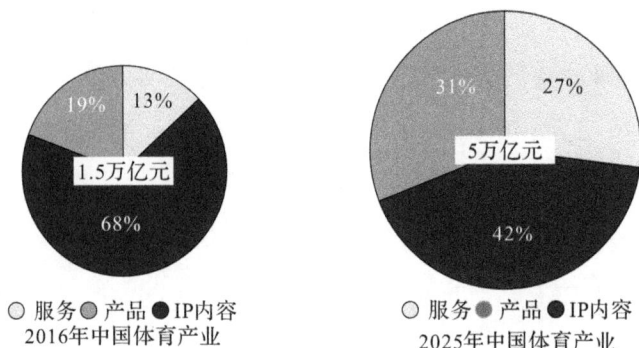

① 假定2025年，体育产业能够达到5万亿元。

② 整个体育产业规模，年均复合增长率会达到14%。

③ 其中体育IP和内容，年均复合增长率达到20%，成为增速最高的板块。

图 7-4　体育 IP 内容的增长空间

(五)IP 之争

在国内，目前已形成以中超、CBA、中网为代表的几大赛事 IP 品牌。据 2013 年 12 月《体坛周报》评选出的"中国十大最具品牌价值赛事"，中超估值超过 6.5 亿元，CBA 不低于 3.5 亿元，中网不低于 3 亿元。

不过，这一页很快就要翻过去了。在 46 号文件的体育产业新语境下，国内几大赛事 IP 的价值开始急速上扬。中超先行一步。2015 年 9 月，体奥动力以 80 亿元的价格拿下中超 5 年版权，前两年每年 10 亿元，后三年每年 20 亿元，年均 16 亿元。而 2015 赛季，中超转播收入不过 7000 万～8000 万元。在央视这种巨头的压制下，中超以前媒体版权收入吃亏太大，现在的猛涨，也是为了弥补一下过去的损失。另一方面，英超和西甲等国际联赛，在中国大陆地区媒体版权价格的暴涨，也让中超有了底气和理由去面对更加市场化的收入增长。

与此同时，各路资本也是虎视眈眈。

体奥动力希望在拿下中超之后再接再厉，拿下 CBA，拿下全中国最好的两项自主赛事 IP，从而巩固自己的地位。乐视同样表达出了对 CBA 的渴望，尤其当他们拥有一个在 CBA 工作了 7 年多的马国力。已经搞定了 NBA 的腾讯同样对 CBA 充满想法，希望借此一统篮球江湖。作为国内另外一项重大 IP，中网的价值同样水涨船高。

2015 年中网女子比赛吸引了 3464 万收视人数，位居 WTA 之首。境外，中网通过 ESPN、Sky、Fox、BeIN、NOW、Canal 等 117 家电视机构，向 179 个国家和地区进行转播。据报道 2015 年转播总收入在 3000 万元以上。

在商业赞助方面，中网也迎来了里程碑。首席、钻石和白金三个级别赞助商加起来给中网提供年赞助金额，据媒体估算达到 1.39 亿元。如果算上余下的 11 个合作伙伴和 19 个供应商，中网在 2015 年的商业赞助收入将更高。

国外赛事，亦在中国卖得如火如荼。2010 年，新浪跟 NBA 签约 3 年，每年约 700 万美元（约 4400 万元）。2013 年，新浪以每年 2000 万美元（约 1.6 亿元）拿下 NBA"2＋1"的续约合同（两年合同，但第三年新浪有优先续约的权利）。但在 2015 年，腾讯以 5 亿美元（约 31 亿元）拿下 NBA 在中国大陆的独家新媒体版权，新浪、乐视均告出局。

同样火爆的赛事 IP 还有英雄联盟（简称 LOL）。2013 年 3 月份，英雄联盟创下全球 500 万玩家同时在线的纪录。2014 年，这一数字上升到 750 万，每天有超过 2700 万人至少玩一场英雄联盟。

2008 年，腾讯入股 Riot Games 公司，获得英雄联盟中国大陆代理权。2015 年 12 月，腾讯进一步将 Riot Games 收为子公司，完全拿下英雄联盟的游戏 IP，并在此基础上打造英雄联盟职业联赛（LPL）。

此外，关于赛事 IP 的新闻层出不穷：PPTV 花费 2.5 亿欧元，与西甲签约 5 年，爱奇艺与 WTA 签下 2017—2026 赛季的 10 年长约，华录百纳则拿下长达 15 年的欧冠篮球中国地区的独家经营权，盛开体育从欧足联手中获得了 2019—2022 年中国大陆地区的欧洲杯新媒体版权。智美体育以 1.8 亿元的报价胜出，拿下 2016—2019 赛季 NBL 的经营权。

(六)"IP 搬运工"的难题与陷阱

在包揽各式版权的同时，互联网公司如何将新业务整合到原有业务体系中是一大考验。对互联网巨头来说，共同的逻辑是拿下上游的 IP 版权。互联网公司更多的身份是 IP 的搬运工，比如英超会提供直播、赛事集锦等。但是版权永远都是一场打不赢的战争，用户基本跟着版权走。例如新浪体育丢了 NBA 后，不仅球迷转移阵地，自身团队也随之动荡。事实上，NBA 等赛事是非常成熟的 IP，不像泛娱乐类 IP 要长期地进行开发。国内也有培育 IP 的案例，例如格斗类的昆仑决就是原创。在马拉松、自行车赛、极限运动上，大家也想去创造一些新的 IP，但是这需要花费很长的时间。

球迷对于球队有很高的忠诚度，但是买下了一段时期的转播权并不意味着赢得了用户。一旦出现下一个金主，用户很可能转而投向另一平台。因此互联网公司也通过上下游的拓展提供多元服务。此外互联网巨头主要的战略在不停地买版权上，团队精力主要集中在版权的分发，对球迷的深度服务上有所欠缺。

在 IP、服务之外，各公司的盈利模式还在探索之中。在产业链各个环节都处于投入时期，高昂的版权、俱乐部的资金消耗，收回价值还需要时间。付费直播、购买会员是业内力推的趋势，但是用户习惯尚未养成。在跑马圈地之后，体育 IP 也迎来"变现时代"，但中国资本在全球的挥金如土，并没有让国内体育赛事 IP 盈利变得乐观。作为国内知名体育 IP 之一，中国网球公开赛（简称"中网"）已举办 14 年，这一 IP 也是通过苦心经营 14 年才盈利的。

有数据显示，我国几乎没有可持续盈利的赛事，其中包括中国体育产业内非竞赛产业的马拉松赛事。2015 年全国举办的 134 场马拉松赛事仅有十多场最终实现盈利。国内体育赛事 IP 难破盈利困局,其背后的原因很多,但主因在于国内自主 IP 有限,中国企业在国外高价购买赛事 IP,缺乏创立自主赛事 IP 的积极性。此外,有限的赛事 IP 在盈利的主要渠道——版权开发上依旧乏力,大量自有赛事 IP 缺乏有效的营销方式增加版权收入。

IP 投资同样处处布满陷阱。第一个陷阱是成为"IP 搬运工"。著名赛事 IP 有世界杯、奥运会、单项世锦赛等,其知识产权分别归属国际足联、国际奥委会、各单项国际协会,中超联赛和 CBA 的知识版权也分别属于中国足协和篮协。对于投资者而言,这些基础性的资源都垄断在别人手中,如果资本竞相追逐,购买版权永远都是一场打不赢的战争。这就好比租房,如果某小区房源仅有一套,但有钱的租客很多,即使某租客今年侥幸先租到房子,他也要做好一年后合同到期房东涨价的准备,否则只会再次流离失所。

第二个陷阱是成为"接盘侠"。在资本市场中,特别容易形成一种现象,被称为博傻理论,即人们之所以完全不管某个东西的真实价值而愿意花高价购买,是因为他们预期会有一个更大的笨蛋会花更高的价格从他们手中把它买走。投资人的决策不单单看某体育 IP 的价格是不是符合它的价值,而是更关注其他投资者是否愿意出更高价格购买该 IP。因此,越是热门的体育 IP 越是容易成为博傻理论的对象。这就如同股票,当价格炒到一定高度后,只能寄希望于还有"接盘侠"来接盘,才不至于惨跌。

第三个陷阱是成为"地王"。"地王"的产生往往是由于政府部门高度垄断的土地单寡头供应市场与土地需求者的竞争性市场存在着不对称和不平衡所造成的。这与优质体育 IP 的购买情况非常类似。"地王"的出现让我们看到"面粉贵过面包",即土地价格超过在售住房价格。而这必然导致新建楼盘将成本带进了房价,也把房价推向天价。投资者天价获得体育 IP 后,最终是要面向消费者,实现变现,因此投资者也会希望将成本转嫁给用户,让用户付出更多的成本来获得观看权。但产品广告时间过长,付费模式占比过大的话,用户很可能会流失,达不到预期收益,还会损害 IP 价值。

(七)如何打造赛事 IP——昆仑决的办法

1. 内容层面

(1)规则驱动。

任何赛事最核心的要素之一就是规则。制定规则后,所有参与者,包括俱乐部、选手、赞助商,都在规则之下运转。这是昆仑决在过去两年里崛起的一个根本原因。

搏击在中国是新兴赛事和新兴领域。其实昆仑决不是最早的搏击赛事,在昆仑决之前有很多先行者,做了很好的探索。但和过去的赛事不同的是,昆仑决目的很明确,要做的是体育赛事,而不只是娱乐性质。在过去的十几年里,中国涌现过很多搏击类的节目。在今天,全国在电视上播放的搏击节目有 40 多个,在国际领域的搏击创业公司可能有 200 个。昆仑决一开始就非常明确,将自己定位成一个职业化的、国际化的赛事,一开始在制定赛事规则的时候,对比赛的公正性、透明度、严肃性、基本体系等方面有极高的要求。

(2)市场化模型。

在 46 号文件之前,中国是不存在体育产业的,只有体育事业,多以体制内的或者说行政的力量在推动。在搏击领域,没有一个主管、主办的单位,这是昆仑决的幸运。在过去这些年里,搏击得到了很多电视台的关注,几乎每天打开电视都可以看到搏击类的节目。2016 年 9 月 24 日,昆仑决北京站搏击中心举办了一场揭幕比赛,当天全国有 10 场搏击比赛同时在进行。因为没有主管主办的单位,所以民间的力量、市场的力量可以在其中野蛮生长。

(3)观众导向。

赛事、娱乐、影视,本质的商业模式是一致的,都是内容,所以就需要被欣赏、消费，一切都以观众为导向。如果可以，观众不只是在看一场比赛，而是参与一场嘉年华，这才是体育产品的成熟。

（4）时机

对昆仑决来说，时机恰到好处。昆仑决做搏击赛事是在46号文件之前。第一场比赛在泰国，因为那个时候国内还没有取消赛事审批，所以比赛在国内是没有办法举办的，只能在泰国通过卫星传到国内。非常幸运的是，昆仑决成立不到4个月，体育赛事审批取消了，之后46号文件出来了，政策利好，也有一些支持。财政部把搏击跟冬季项目一样，列为五大补贴项目之一。

2. 赛事本身的传播与推广

其实梳理一下体育产业、体育项目的发展，会发现体育IP的成长和爆发，与传媒、传播技术有非常紧密的关系。

现代奥运会的分水岭是1984年，在那之前奥运会都是亏损的。1984年奥运会成为转折点，很大一个原因是市场化和商业化运作，这得益于1984年电视直播技术得到了成熟的应用。1984年关于洛杉矶奥运会，媒体的报道铺天盖地。媒体宣传和电视直播的介入，使得赛事的关注度、能够触达的资源有了一个空前的飞跃，广告模式、赞助模式、版权模式成为可能。直到今天，这些依然是赛事IP主要的盈利手段。

传播是一个赛事能不能扩张、能不能走得更远、能不能有机会成为一个顶级IP的重要因素，甚至可以起决定性作用。对昆仑决来讲，在传播上也非常幸运，一开始在青海卫视起步，第二年来到江苏卫视，现在每个星期天下午四点在江苏卫视首播，基本上每期收视率都稳居全国同时段卫视前三位。

2016年之前，央视没有搏击类节目。在昆仑决12月15日登陆央视之后，央视有5档搏击类节目了。所有在央视登陆的搏击节目，其赛事质量和品牌影响都跟昆仑决有差距，但是收视率非常好。在央视播放的搏击赛事比央视播放的英超赛事收视率还要高，而且高好几倍。

电视的转播、媒体的报道，极大地推动了赛事 IP 的价值。

再一个就是流量的红利。这里主要是移动互联网的直播。昆仑决现在很多比赛，比如腾讯、YY、网易，一个主播拿着手机就能直播了。周边、花絮、新闻发布会、称重都可以通过这样的方式传播，流量还非常高。昆仑决跟网易做了一个尝试。网易有用户量非常大的新闻客户端，现在也想布局直播端，推出 PGC（专业生产内容）机制，找专业机构来做网络直播，就与昆仑决合作。2016 年 11 月试了 3 期，从搏击健身的角度切入，教一些女性进行对抗，植入一些健身知识，观看流量达到 1800 多万。这个过程中，昆仑决不需要花多少钱，几乎零成本。

每个时代有每个时代的传播技术。5 年前在微博上布局，最近几年在微信公众号上布局，今天在直播端布局，以很低的成本就可以取得非常好的直播效果。传播的逻辑就是用更好的效率、更低的成本实现更广泛的触达。

再比如社交媒体的传播，昆仑决在海外开了 Facebook（脸书）。在海外有非常多的粉丝，简单的两段泰拳王播求上场前的拜师舞和表演短视频，在 Facebook 上流量达到 280 万和 340 万。

3. 赛事本身形成的品牌和粉丝效应

虽然昆仑决有了核心竞争力，有了稳定的内容输出能力，有了视频传播能力，但到最后最难的是使大家喜欢上昆仑决。昆仑决的策略是通过社群传播。在全国，到一个地方举行完比赛，就会建立一个微信群，赛事情况、选手备战的情况等，随时会在微信群里发布。还有一个是百度贴吧，这是昆仑决的粉丝自发发起管理的，现在有 28 万注册人数，每天活跃登陆的有16 万人，发布了 140 万条帖子。

最后一个就是 APP，昆仑决的 APP 上有比赛视频、所有选手的核心数据，可以找到附近的俱乐部、附近喜欢搏击的人。关注昆仑决的人会来到 APP,成为赛事的粉丝,最终成为为赛事买单的用户,成为消费者。

总结起来,昆仑决打造赛事 IP 的三段论就是:得规则制定、得内容者,得话语权;得传播者,得商业价值;最终得粉丝者,得天下。

(八)体育 IP 的未来

预测体育 IP 以后会向这些方向发展。

(1)体育 IP＋综艺。

作为 2016 年最大的 IP,体育类内容站在了风口上,无论是电视综艺还是影视节目都争相搭上体育这趟列车,借赛事风潮席卷荧幕。体育和综艺的结合,被业界人士看成是未来体育产业的一个趋势。一方面,体育产业需要媒介产品的帮助,以刺激产业经济发展、普及大众体育,嫁接综艺节目是理想的选择。另一方面,综艺需要创新,体育元素可以带来新的内核。

国外运动员高度职业化,体育明星同时也是娱乐明星,市场机制能熟练地通过综艺节目来实现对运动员商业价值的变现。而随着我国体育经济的市场化进程加快,体育综艺的发展土壤将更加肥沃。

此前,由浙江卫视、蓝天下传媒联合出品的大型励志竞技体育节目《来吧冠军》播出,嘉宾网罗了娱乐圈和体育圈的众多重量级大咖。节目播出后反响热烈,线上讨论如火如荼,在话题榜上也是遥遥领先,并赢得良好口碑。《来吧冠军》刷新了人们对于综艺节目的偏见,"专业性"和"娱乐性"并不矛盾,可相得益彰,而体育本身就是最好的真人秀,有悬念,有对抗,有明星,有意外。

(2)体育 IP＋游戏。

近年来,文学、影视、游戏各类 IP 在市场上风光无限,而体育 IP 也以极强的姿态在游戏市场形成了一股不可忽视的力量,游戏和体育的合作变得越来越亲密。在整个游戏行业大谈影游联动、泛娱乐战略的背景下,体育 IP 的改编与体育赛事品牌合作为游戏界开辟了一条新的发展之路。

　　从市面上类型众多的体育题材游戏可看出，体育元素一直是游戏里很重要的一个方向。泛娱乐时代，超级体育 IP 给游戏带来的不仅是利润，而且还能带来良好口碑。体育 IP 的兴起给游戏市场注入了强心剂，凭借体育运动自身的用户热衷度和体育产业产生的周边效应，借助热门体育 IP 的影响力和在大众心中根深蒂固的地位，体育 IP 改编游戏未来发展值得期待。

　　体育领域对于泛娱乐公司来说，也是一块亟待挖掘的宝藏。2016 年，IP 继续在横向领域扩展，掌上纵横也从之前的影游联动拓展到体育领域。作为下半年工作重点，掌上纵横尝试通过泛体育战略加速在体育领域的布局。

　　(3)体育 IP＋直播。

　　IP 实质是粉丝效应，粉丝因为热爱所以齐聚并形成口碑效应，而口碑辐射则是网聚效应的直接体现并可转化为商业价值。体育赛事 IP 的粉丝群体多依赖于现场或直播平台。而在变现途径上，除了版权、门票、赞助、衍生品这四项体育项目主要收入方式外，还可以在衍生消费以及版权的高附加值上下功夫。比如在用户体验上升级，如今微博交流、网红直播以及竞猜比分等方式都可与球迷、粉丝进行实时互动增强体验。

　　基于此，娱乐合伙人重点打造了体育观赛栏目《足聊》，其最大特色是将"体育现场＋移动应用"完美结合，打造观赛包厢里的体育 Club(俱乐部)，将直播、游戏、互动、八卦等元素融入线上线下的观赛中，通过邀请足球宝贝、体育明星、足球达人、资深球迷以及网红主播的参与，把体育观赛变成一种全新的娱乐体验，通过社交媒体和众多直播平台把现场的快乐传递出去，让更多的粉丝、球迷参与互动，感受现场的火爆场面。据了解，娱乐合伙人不仅提供中超观赛，还拥有 CBA、NBA、欧冠等顶级体育赛事资源。未来《足聊》栏目也将涉足更多的体育赛事，为广大的体育迷们提供更多元、更有趣、更新颖的体育直播节目，让球迷身临其境地玩转"体育现场"。

而依靠直播火爆的体育 IP 未来或将产生新的变现模式。当体育产业上升为"国家战略"时，对于各个直播平台来说，体育 IP 就是兵家必争之地，消费升级也为中国体育产业的爆发奠定了良好的市场基础。付费用户的高速增长一方面得益于移动支付手段的成熟，另一方面也得益于用户付费习惯的养成，为优质版权内容以及服务付费不再是天方夜谭。体育内容的稀缺性、高关注度，以及中国体育产业的井喷式发展也让其成为继影视内容之后，视频付费的又一风口。

网络直播有巨大的发展空间，也是行业发展大趋势，但目前还有一段路要走。未来，政策和消费升级的风向仍然利好体育产业。在这个万亿级的市场中占有一席之地，成为众多资本追逐的焦点。而要实现这一目标，需要创新商业模式，根据自身特点找准市场，站在风口顺势而为。

二、赛事转播的变革

(一)"互联网＋"对赛事转播的影响

体育赛事凭借着具有观赏性强的天然优势，具有重要的观赏价值和传播价值。

体育赛事是体育产业最重要的一部分产出。2015 年中国体育规模约为 17600 亿元，其中体育赛事运营规模约为 1400 亿元，占整个体育产业 8％，之后 5～10 年我国体育赛事运营产业将进入高速发展阶段，职业赛事与大众赛事都有着巨大的发展潜力。以 8％的比重保守估计 2021 年前，体育赛事运营规模有望达到 2400 亿元，复合增长率高达 11.38％。① 但 2021 年前，中国体育赛事运营规模绝不止 2400 亿元，因为较为成熟的美

---

① 产业投资内参. 体育产业十三五规划热点 | 市场规模预测报告［EB/OL］.（2016-08-15）［2017-04-01］. http://www.sohu.com/a/110547415_380581.

国市场上，体育赛事在整个体育产业中的比重高达 19％。目前中国体育
赛事的价值挖掘不够充分的原因在于发展受限于以国家体育总局为代
表的政府的严格管制，处于体育产业链上游的体育资源和内容（包括赛
事、运动明星、转播权）的市场化程度较低。

　　在体育赛事发展中，"互联网＋"将发挥重大的作用。从图 7-5、图 7-6
可以看出，易观智库认为，对于职业赛事来说，一方面"互联网＋"逐渐优化
体育产业供给链条，对接供需两端；另一方面，"互联网＋"改造体育产业
链。在群众体育赛事中，互联网体育创业公司存在巨大机会，尤其是大数
据的应用，将成为市场的重要突破点。[①]

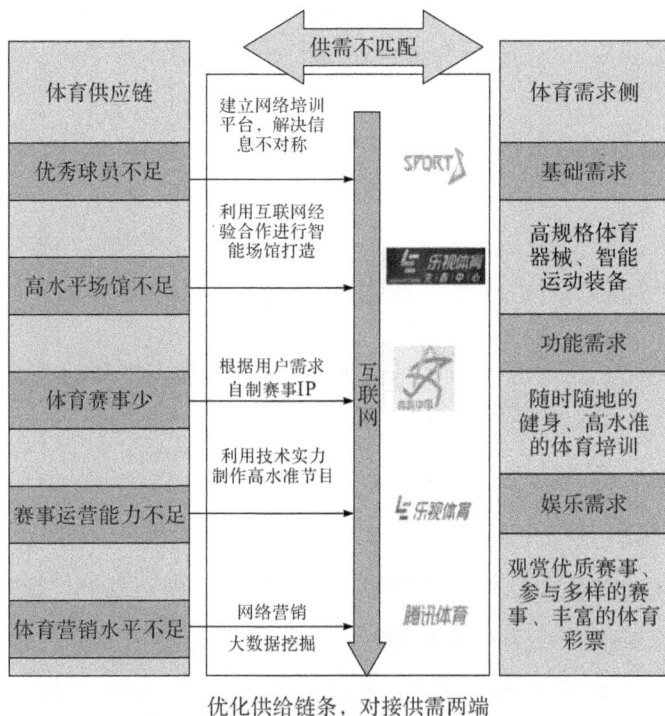

图 7-5　互联网对体育赛事的改造 1

　　① 易观智库. 2016 中国竞技体育市场专题研究报告［R］. 易观智库，2016.

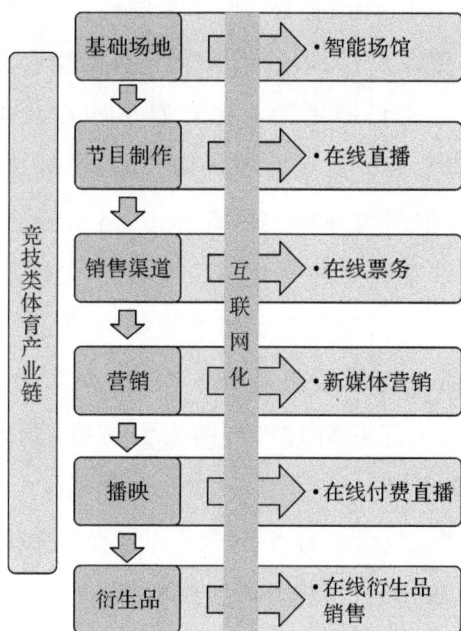

图 7-6　互联网对体育赛事的改造 2

赛事转播收入往往占到体育赛事收入的 50％以上。广电总局2000 年颁布《关于加强体育比赛电视报道和转播管理工作的通知》，要求重大的国际国内体育比赛在我国境内的电视转播权统一由中央电视台负责谈判和购买，其他电视台不得直接购买。这导致了一直以来在我国赛事版权上，央视处于一家独大的垄断地位，也使我国众多赛事版权长期处于低估状态。

随着 2014 年国家体育总局取消"商业性和群众性体育赛事"审批，使得举办赛事变得更加方便，更多的社会力量将参与到举办赛事中，中国的商业性和群众性体育赛事迎来爆发。① 以马拉松赛事为例，数据显示，2015 年国内马拉松及相关赛事同比增长 160％，至 134 场，

---

① 李兆峰，翟晓亚. 谈赛事审批权取消后对举办赛事产生的影响[J]. 山海经·故事，2016（8）：195.

参赛人次达150万。同时国务院46号文件指出"推进赛事举办权、赛事转播权、运动员转会权、无形资产开发等具备交易条件的资源公平、公正、公开流转。按市场原则确立体育赛事转播收益分配机制，促进多方参与主体共同发展。放宽赛事转播权限制，除奥运会、亚运会、世界杯足球赛外的其他国内外各类体育赛事，各电视台可直接购买或转让"。我国的体育赛事转播迎来转折。艾媒咨询数据显示，2015年中国网民赛事观看需求大，并且除了赛事直播外，比赛的精彩镜头、技术分析以及赛事集锦为网民最想看到的内容，分别占50.0%、34.2%、40.0%。同时得益于互联网对赛事的大力传播，篮球、足球等主流赛事吸引了更多观赛网民。

最近两年，随着政策大旗的指引，资本迅猛涌向中国体育产业，各大赛事转播版权集体暴涨，天价版权合同接踵而至——NBA新媒体版权率先在2015年1月卖出5年5亿美元的天价；中超以5年80亿元成交，乐视体育以27亿元对价拿下2年中超新媒体版权；PPTV砸2.5亿欧元买断5年西甲媒体版权。就全球而言，顶级赛事的版权价格亦进入飞涨阶段。NBA与ESPN及TNT签下9年（2016—2025赛季）240亿美元的大单；MLB向ESPN、FOX、TBS售出8年124亿美元的肥约；NFL电视版权更是卖出8年（2014—2022赛季）396亿美元。

根据中投顾问产业研究中心的预测，到2020年我国体育赛事版权市场规模有望达450亿元左右，未来5年复合增速约为36%（见图7-7）。[①]

在快速增长的市场规模中，离不开以腾讯体育、阿里体育、新浪体育、乐视体育为代表的体育新媒体渠道的迅速崛起，它们成为赛事版权争夺中的一股重要力量。

---

① 中国投资咨询网. 中投顾问预测：2020年体育赛事运营市场规模或达3600亿[EB/OL]. (2016-07-14)[2017-04-01]. http://www.ocn.com.cn/chanye/201607/vnkdn14112846.shtml.

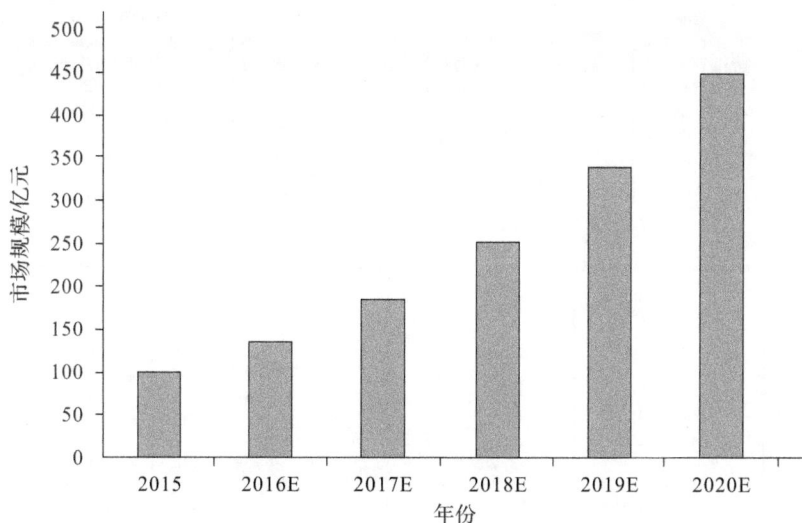

图 7-7　2016—2020 体育赛事版权市场规模预测

注："E"代表预计当年市场规模。

由于新兴网络媒体对体育赛事的支付意愿和支付能力更强,随着腾讯、阿里、新浪、乐视、PPTV加入体育赛事的版权竞争市场,旧的体育产业媒体格局将很快被打破。根据国际经验,在新的竞争格局下,赛事的版权价格将出现巨幅增长。

实践也证明了这一点:从图 7-8 可以看到,体奥动力以 80 亿元的"天价"拿下中超 5 年转播权,是此前一个赛季的 20 倍;腾讯以 5 年 5 亿美元拿下 NBA 的转播权,是 NBA 与新浪所签合同价格的 5 倍;PPTV 以 2.5 亿欧元拿下西甲联赛 2015—2020 赛季中国地区独家全媒体转播权,是原合约价的 25 倍;2015 年我国体育赛事版权市场规模已经约为 100 亿元,随着"互联网＋"的进一步介入,赛事版权市场将进一步爆发。

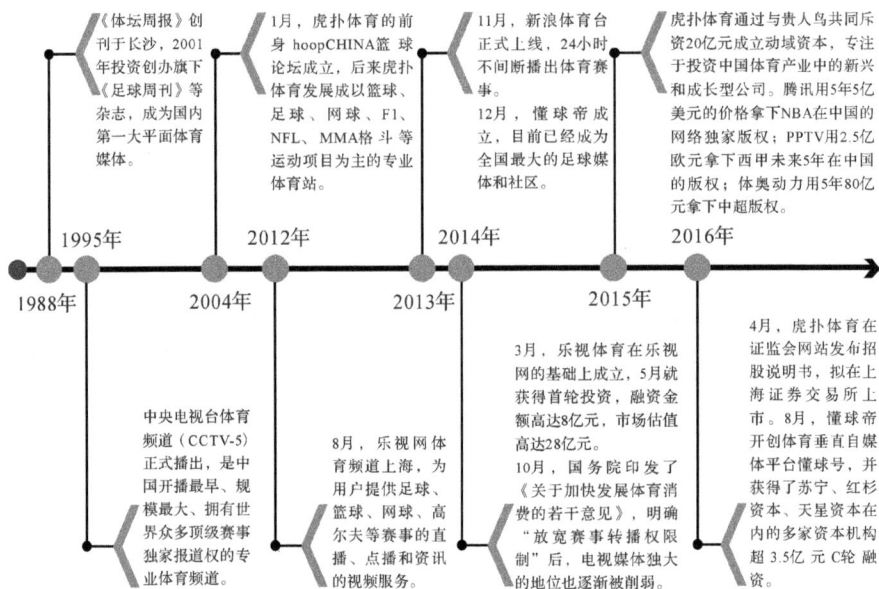

图 7-8　互联网版权争夺路

(二)付费观赛能实现吗?

全球最成熟的体育市场,美国有着世界上最赚钱的体育网络平台——ESPN,早在 2014 年其收入就已达到 100 亿美元,估值超过 500 亿美元。据 ESPN 总裁约翰·斯基珀(John Skipper)透露,其收入结构非常简单,2/3 来自有线电视订阅付费,剩余 1/3 的大部分来自广告收入。所以总体来说,超过 9000 万的付费用户是 ESPN 最大的收入来源。虽然猎豹全球智库调研结果显示,热爱体育的用户付费能力较好,但看体育比赛,除了购买现场门票之外,有时甚至要去外地、外国,在时间、金钱上都有巨大的花费。这一部分的用户若是能沉淀在手机端,在 APP 里就可以实现更多的付费行为:买票、出行、买周边等等。但是目前付费观看在我国依然任重道远。

付费观赛模式指的是赛事直播或者转播商以会员制为基础,为会员提供各式各样的增值服务,从而让会员享受到与普通体育迷不同的福利待遇，提供者借此开辟盈利新模式。而这种模式本质上是一种产业内的循环模式，即生产者投入大量人力、物力、财力进行内容生产，用户付费享受自己喜欢的优质内容，而得到鼓励并获得收益的生产者，继续投入再生产，从而生产者再次进行内容生产的良性循环。

在我国，中国版权占收入比为 3％，而在国外，英超版权占收入比为 54％，意甲版权占收入比 38％，西甲版权占收入比 35％，德甲版权占收入比 35％。以 ESPN 为例，在其 100 亿美元的年收入中，有近 2/3 来自有线电视的订阅费用，而 1/3 则来自于广告。相比之下，我国的体育版权收入甚少，而只有付费，才能让中国的体育产业步入成熟。庞大的付费群体和较高的订阅费用支撑起媒体巨额转播费。美国的体育转播渠道以 ESPN、FOX、NBC 等传统电视台为主，采用付费订阅模式，观众为收看体育比赛买单。如 ESPN 在全美拥有 9000 万左右的家庭付费用户，美国每个电视用户每月支付 45 美元的订阅费，其中有 6.04 美元支付给 ESPN，远超过其他频道。2013 年 ESPN 年总收入为 109.75 亿美元，EBITDA 为 39 亿美元，其中电视订阅费收入占比 60％，剩下 40％来自广告业务。英超比赛在英国的收费则更加昂贵，一个英国球迷如果不想错过当地两家电视台的直播，一个赛季大约需要花费 1100 英镑。

从 46 号文件开始，中国体育产业一直走在"松绑"的路上。"取消商业性体育赛事审批，放宽转播权限制"激活了沉睡已久的体育资源，各路资本涌入开始对体育赛事版权进行跑马圈地。赛事转播越来越重要，专职赛事直播的媒体公司也迎来狂欢，因为其原本经营赛事直播要"烧钱"的地方实在太多，依靠单一的广告模式很难实现盈利。如今，先进的转播技术、一流的解说人才、多终端体验、社交化融入等为付费观赛的实现提供了各种动力，体育的市场化开始在探索中前进。

此外，随着用户消费观念的转变，对稀缺内容的追捧以及对知识产权保护力度持续增加，使得电视或新媒体付费观赛模式成为可能。根据艾瑞咨询发布的《2016年中国互联网体育用户洞察报告》，从体育资讯的渠道上看，用户已全然习惯互联网化，各类体育门户网站是他们获取信息的主要来源。从赛事观看上来看，互联网视频也超过了传统的电视媒体。在这个基础上，用户对赛事付费的接受度也越来越强。数据显示，有32.5％的球迷有过线上观赛付费的行为。这个数据对于拥有优质赛事版权的体育媒体平台来说，绝对是个利好消息。

2016年4月6日，乐视体育生态406超级会员日发布会乐视体育首席内容官刘建宏宣布：中国的体育从今天起进入付费时代，只有这样体育产业及职业体育的未来才能形成模式，才能看到曙光。这句话的底气来自内容方面。乐视从2014年创立至今，已拥有310项顶级赛事、超过10000场赛事的版权，其中72％是独家权益，包括2016年最受瞩目的中超联赛。乐视体育表示，乐视不仅拥有内容，还有独具特色的生态体系、智能硬件服务等，可以为用户提供有品质的服务，为用户提供定制化的内容，给球迷和影迷带来极致的用户体验，满足会员的要求。2016年7月，乐视体育公布超级体育会员销量超150万人，并宣布把新赛季英超联赛加入会员权益包。不过，要想把买中超版权时花掉的27亿元收回来，这些会员销量还要继续增加。

（三）付费模式如何践行

1. 观赛体验＋多种选择＋抵制盗版

谁家的制作水平高，谁就能得到更多付费用户。因此除了转播技术和流畅体验不卡顿外，优秀的转播人才也成为兵家必争。拿足球来说，如当年的黄健翔于"意甲"，申方剑于"西甲"，"詹俊"这两个字几乎就是中国内地"英超"的代表。

詹俊不仅是华语地区连续解说英超时间最长（19个赛季）的解说员，还能够把一场桑德兰打伯明翰的镜头语言表述得动听而有趣，因此乐视体育在此次英超争夺战中率先宣布：詹俊成为2016—2018年乐视体育独家签约解说员,优先为会员服务。

2. 多种选择

根据艾瑞的调查结果,59.1％的用户更喜欢为关键赛事付费,40.5％的用户愿意按特定赛事打包付费,而包月包年这种形式在用户中间并不十分受欢迎。

因此,付费观赛不应该只有包季、包月套餐,死忠球迷也可以购买单支球队套餐。另外,更灵活的方式是,球迷可以花小部分钱购买单场比赛直播,而不必被月度、季度的收费制度捆绑。

3. 抵制盗版

目前我国对体育赛事转播权的争议,主要集中于两个焦点,一是体育赛事现场的连续摄制画面能否被视为作品,二是体育赛事网络直播的保护问题。这些问题受制于我国现行《著作权法》的体系结构。

所以如果想付费模式能稳定前行,版权保护刻不容缓。

(四)体育新媒体的发展

随着互联网直播技术的进步、移动设备的普及以及 4G 网络环境的改善,体育直播的产业链正在走向完善。体育新媒体是"互联网＋体育"的重要流量入口,不同于传统的电视媒体内容分发通道的角色,仅依靠平台以收视驱动广告形式去变现。以腾讯体育、阿里体育、新浪体育、乐视体育为代表的体育新媒体具有互动性、创新性、社群化属性,更重要的是其同时拥有赛事资源及下游客户。一方面,凭借资本优势,可以向上游掌握更多赛事要素。另一方面,通过丰富的体育内容聚集用户,凭借积累的体育用户,通过对用户特征行为进行记录和分析,能够整合包括赛事直播、赛后集锦、赛事讨论等全内容,实现基于大数据的新内容开发和精准营销推广,引导用户获取其他体育 IP 衍生产品,从而打造覆盖全体育产业链的新型商业模式。典型的如乐视体育从赛事版权切入,拥有包括英超、欧冠、德甲、

NFL、NCAA、F1 等 200 多个版权,由单一的视频媒体网站的业务形态逐渐发展为基于"赛事运营＋内容平台＋智能化＋增值服务"的垂直生态。

　　艾媒咨询数据显示互联网传媒平台的月度覆盖人数和月度总有效浏览时间总体呈现上升趋势。互联网体育传媒平台用户黏性也呈上升趋势。新媒体是网民最主流的观赛方式,近 85% 的用户通过新媒体获取赛事信息,门户网站体育频道和体育网站平台体量大、信息全面,包括视频图文等丰富多彩的传播形式,占据绝对的优势,同时这也是用户参与赛事评论的主要渠道,近九成的用户会自发参与赛事讨论,选择新媒体渠道的用户超过六成,用户讨论可以带来赛事二次甚至多次传播。从图 7-9 可以看出,2015 年我国体育新媒体市场规模约在 80 亿元,由于我国体育内容付费尚处于发展初期,这部分收益占比尚小,不过随着体育内容质量增强,用户付费意识提高,体育新媒体的盈利空间将进一步扩大。中投顾问产业研究中心预测,到2020 年体育新媒体市场规模将超过 510 亿元,年复合增速约为 45%。①

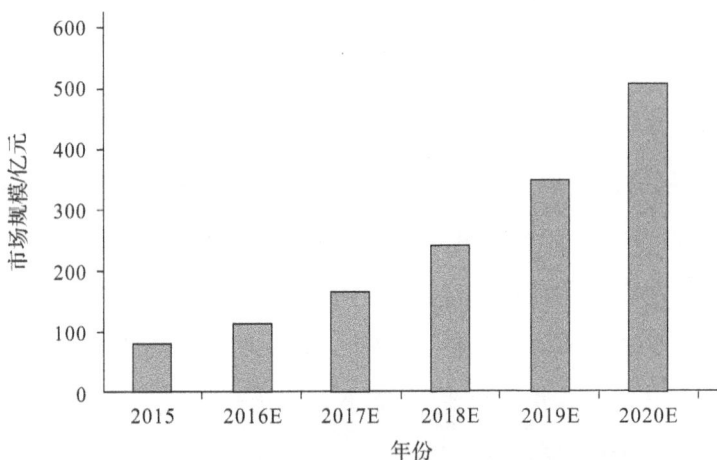

图 7-9　2016 年—2020 年体育新媒体市场规模预测

注:"E"代表预计当年市场规模。

---

　　① 中投顾问. 中投顾问:2020 年体育新媒体市场规模将超 510 亿元[EB/OL]. (2016-08-15)[2017-04-01]. http://www.ocn.com.cn/us/company/201608/tiyuxingmeiti15155105.shtml.

三、大数据对体育产业的冲击

大数据(big data)概念是指无法在可承受的时间范围内用常规软件工具进行捕捉、管理和处理的数据集合,是需要在新处理模式下才能具有更强的决策力、洞察发现力和流程优化能力的海量、高增长率和多样化的信息资产。

换言之,它其实是一种大型的数据信息集合,但是其规模在各个方面都远远超出了我们对传统信息的理解。

大数据技术最重要的战略意义不在于掌握这些庞大的数据信息,而在于对这些庞大而又繁杂的信息进行专业化的处理,从中挑选对自己最有意义的数据为己所用。如果把大数据比作一场比赛,那么这场比赛吸引人的关键不在于有多少个队伍参赛,而在于参赛队伍的水平,赛事最终的精彩程度,也就是通过"加工"实现最普通数据的"增值"。

其实,在体育产业中,对大数据的利用可以追溯到很久以前。无论是赛场上运动员的表现、教练的战术布置、裁判的执法,还是场内场外球迷的体验,大数据的使用、先进的科学技术都使每一方的体验在不断加强。从运动器械上的传感器、运动员身上的可穿戴设备、比赛场地内的摄像头到教练、媒体和球迷手中的终端设备以及社交网络,数据被广泛地采集并通过大数据分析转化为洞察力,为体育竞技中的胜利增加筹码,也为身处世界各地的体育爱好者随时随地观赏比赛提供了个性化的体验。

"十二五"期间,我国大数据行业发展非常迅速,2012年市场规模为4.7亿元,短短两年的发展,到2014年,市场规模增长到了23.2亿元,同比2013年,增长高达107.14%,是2012年市场规模的4.93倍。2015年上半年,市场规模已经超过2014年全年,达到25.71亿元,与2014年同期相比,增长率达到75.6%。国家总理李克强更是提出"大数据产业,是中国推动互联网＋战略的重要支撑",表现在以下两个方面。

1. 开端：洞察潜质，助力决策

商业巨头纷纷涉足"互联网＋体育"产业，如万达、阿里巴巴、乐视等著名企业。其投身于这一产业，并不是一时随波逐流，而是看到了市场的发展前景，认为有利可图。其中很重要的一个原因是大数据提供的一项项可靠的数据。

《2015 消费数据分析报告》显示，运动健身类产品已经进入移动电商时代，而做出这些判断的数据正是来自阿里巴巴的大数据，其汇集了 3.86 亿名消费者、超过 1000 万户商家、10 亿件商品的基本信息和数据行为，全方位洞察消费特征和行业趋势，助力商业决策。大数据的崛起，使消费者的需求得以用数据的形式进行表示，这更让投资者明确直观地看到了未来"互联网＋体育"的发展潜力，从而有针对性地根据自己公司的实际情况与消费者的需求进行投资与开发。

2. 发展：资源共享，优化配置

自从 2014 年国务院发布《关于加快发展体育产业促进体育消费的若干意见》后，体育产业就迎来了前所未有的黄金发展期。"互联网＋体育"的发展过程，其实质是将新兴的互联网技术与传统的体育产业相结合，而大数据在这当中起到了极其重要的作用。

这一模式是利用互联网的特点，如快速传播、交流互动性强，以及网络覆盖面广、移动终端数量巨大等特点，作用于体育产业，使得体育产业也可以从根本上改变人们信息生产、信息传播和信息存储的模式。

大数据可以使体育信息资源高度共享，体育资源优化配置，最终大幅提高全社会对体育资源的利用效率。时下很多的健身 APP，都是利用了这一特点。大量的需求信息通过互联网进行交换和整合，最终推动体育产业的发展。大数据的成熟使用加上互联网的强大功能，使线上与线下平台的共同运营成为现实，为企业提供整合型营销服务，同时也给消费者提供了更加专业的互动与交流平台。

（一）大数据的产业规模

据统计,当前体育数据分析全球市场规模约为 1.25 亿美元,2021 年市场规模预计为 6.17 亿美元,年复合增长率约为 38％,未来发展增速较快(见图 7-10)。随着大数据在体育领域被不断探索,体育大数据行业或将影响职业体育赛事产业结构的发展。

图 7-10　全球体育数据分析市场规模预测

（二）大数据的应用

赛事营销层面的数据分析应用——精准营销:对于赛事运营方来说,要通过研究用户数据来帮助分析用户行为,从而增加赛事收入;对于赛事广告投放方而言,利用有限的广告投入经费收获更好的品牌影响力显得至关重要。目前先进的营销公司已经开始利用大数据为买、卖双方提供精准营销服务,以帮助他们实现投资回报比最大化。

俱乐部运营层面的数据分析应用——管理层决策:在运动员选拔方面,NBA 与 NFL 当前均采用数据分析的方法来寻找有潜力以及适合球队打法的运动员;在合同谈判方面,数据分析可以帮助球队分析球员价值以阻止高额溢价合同的发生。

俱乐部运营层面的数据分析应用——战术层:根据采集对手信息以及分

析球队各套战术执行效率等手段来改变战术打法，从而影响比赛结果，这是未来体育运动数据分析应用的重点之一。Stats 公司为 NBA、NFL、MLB 赛事提供的数据分析产品可以帮助教练在比赛时即时根据现状调整战术方向。

运动员层面的数据分析应用——训练：硬件设备可以通过深度采集运动员训练时的数据来提高训练质量。网球、羽毛球、高尔夫球等运动的训练课借助智能设备来采集运动员力度、角度等方面的数据从而即时调整动作。

用户的数据分析应用——观赛：数据可视化服务可以提升观众在观赛时的体验，从而增加媒体播放平台的用户黏性。

（三）体育大数据布局

"当然大数据的运用并不只是在竞技体育的赛场上，在青训和业余球队以及媒体方面的应用也大有可为"，事实上苏宁投资创冰科技也为苏宁体育生态圈的闭环提供了更好的服务，其体育生态圈逐渐形成。

首先从电商角度看，苏宁云商已经有了非常成功的大数据应用商业运作的实例 O2O。因此，在体育电商领域运用苏宁也是势在必行。其次是青训教育，体育大数据反哺体育，可以对高校学生体育运动数据进行挖掘和分析，能更好地帮助青年球员找到训练重点，并通过非原有经验方法发现好苗子。再次，对于苏宁易购队来说，足球大数据可以给俱乐部带来更高更全的视角，对比赛和球员的数据进行技术统计，通过逻辑和数据呈现，让一线俱乐部更好地使用数据产品服务。除此之外，苏宁战略投资了 PPTV，其麾下 PPTV 体育是国内最重要的体育赛事网络直播平台之一，拥有 300 多项体育赛事直播的版权，2015 年 8 月，其获得了西甲联赛 5 年全媒体版权。

苏宁体育版图中体育电商、足球俱乐部、体育媒体平台等产业资源的优势都离不开体育大数据的服务，同时这些资源也为大体育数据的收集提供了入口。

据相关数据，2015 年全球大数据核心产业市场规模从 2010 年的 32

亿美元增长到 170 亿美元，年复合增长率为 40％，其中，中国 2015 年大数据核心产业市场规模达 115.9 亿元。2017 年，该数据为 236 亿元。对于这块大市场，作为 BAT 三巨头之二的腾讯和阿里则有着先天的优势，而乐视体育也随后在体育大数据中发力，其各有不同。

（四）体育数据分析服务链及服务对象

服务链：从上游看，体育数据服务商需要得到运动数据采集开发的执行权，而后通过智能硬件来完成数据的采集；数据采集后进行云端数据储存；服务链中游的数据解决方进行数据分析、建模与深度挖掘产出相应结果，并最后进行产品化处理售卖给需求端（见图 7-11）。

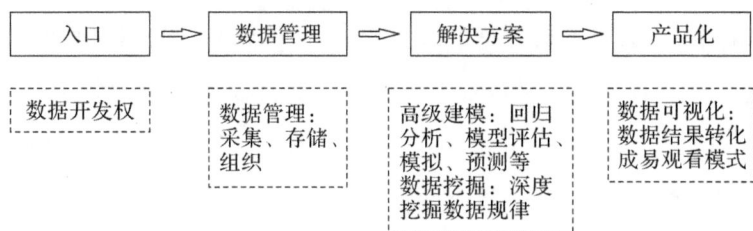

图 7-11　体育数据分析服务链

需求端：当前国内博彩端对于数据分析的需求较大，体育数据分析领域的发展速度或由于博彩业的需求而被加速推动（见图 7-12）。

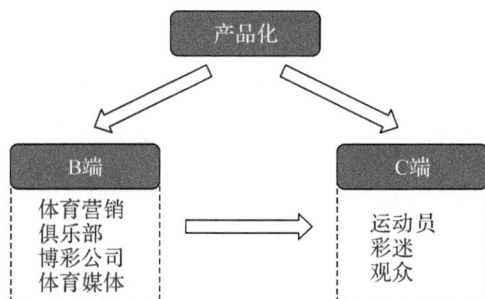

图 7-12　体育数据产品化路径

（五）各企业在体育产业与大数据相结合方面的实践探索

1. 乐视体育与搜达体育发力"网络媒体大数据"

2016 年 1 月 25 日，乐视体育宣布，以 3920 万元购得搜达足球（北京求之易数据有限公司）56％的股份，成为其控股方。搜达足球成立于2004 年，其数据资料涵盖了各大门户网站、电视台、中国足协国管部、广州恒大淘宝和北京国安乐视等，在足球数据分析方面的能力非常强。乐视体育有着中超独家新媒体版权，冠名了北京国安乐视队，同时拥有 320 多项赛事版权，那么对于乐视体育来说，与搜达足球的结合能充分挖掘这些赛事版权的数据并提高其变现的能力。例如，球迷通过乐视体育视频观看一场足球赛事，那么通过对数据的收集和分析，得到精准的用户画像，识别其观赛人群的年龄、性别、消费水平等特点。通过媒体大数据打通全产业链的入口，比如大数据能够为其会员和用户提供更好的观赛体验和更为个性化的赛事内容。而且，对于广告的投放，智能硬件、体育衍生品的销售也更为精准。此外，体育数据可以为体育游戏、体育博彩提供可靠的支持，从视频赛事观看到下载体育游戏，提高游戏的分发量，让用户从线上转化为线下的消费。乐视体育与搜达足球的联手也是着眼于创建覆盖运动全场景的体育大数据库和数据产品。

2. 腾讯体育发力"社交媒体大数据"

尽管腾讯体育并未从腾讯公司中单独拆分出来，也并未大张旗鼓地购买顶级 IP，但是腾讯体育依然成了如今几大体育巨头之一，其中很大的一部分源于腾讯强大的大数据能力，而这个大数据则来源于腾讯的社交媒体属性。

首先，腾讯体育拥有 NBA 的版权并建立了 NBA 球迷社区，围绕球队和球星聚集球迷，并搭配线上、线下活动。例如科比退役时，在微信朋友圈造成了轰动效应,虽然腾讯并未公布相关的数据,但鉴于科比在中国拥有60万粉丝,可想而知当日微信朋友圈被刷爆的量也是巨大的。

其次,微信拥有一个晒跑步的功能。腾讯曾发布《腾讯体育用户大数据》,精确地分析了现在跑步人群的属性。同时也利用腾讯微信、QQ等全平台资源,鼓励网友跨场景参与、分享,打造边看边玩的全方位观赛模式。而这些社交数据的社会关系、性格禀赋、兴趣爱好、隐私绯闻甚至生理周期和心理缺陷都能被腾讯收集。

3. 阿里体育发力"精准营销大数据"

与腾讯社交消费模式不同的是,淘宝作为和百度、CCTV号称中国前三的广告投放阵地之一,其主要收入模式是广告,所以淘宝大数据目前变现的主要途径是精准广告。而阿里体育自2015年9月成立以来即定位于体育经济基础平台,这与阿里巴巴自身的定位也是一致的。

阿里巴巴里面很多信息、数据都分散在淘宝和天猫,在2016年中国体育用品高峰论坛上,阿里体育副总裁李峰透露了淘宝和天猫体育用品消费的数据。其显示,2015年体育用品的消费人次达到了4亿,消费金额超过1000亿元。而通过这些数据可以得出运动人群的特征、运动品牌的关注度等相关数据。

这些C端用户数据的掌握,让阿里体育能够实现精准营销,描绘出精准的用户画像,把运动消费转化为一种运动行为。因此阿里体育在赛事IP的选择方面,也更倾向于参与性强的大众体育赛事,如电竞和乒乓球。

4. 创业企业

创冰科技　该公司成立于2014年,专注于体育赛事分析,通过图像可视化加人工辅助统计的方式,将比赛数据呈现出来。目前已服务于国家队、中超及中甲俱乐部,为各级联赛提供定制化、专业级赛事分析报告。同时打造体彩类APP"实时球市",依托互联网＋专业数据优势,为彩民提供精准化购彩服务。

2016 年，创冰科技完成 A 轮 3200 万元融资，投资方为苏宁集团。

创冰科技是国内当下唯一拥有独立自主产权并集专业数据采集能力、数据挖掘和可视化能力及数据产品化能力于一体的高科技体育互联网公司。无论是苏宁和阿里的电商平台，还是乐视的新媒体平台和腾讯的社交媒体平台，其背后都深埋着铺天盖地的数据，然而仅有数据收集的能力是远远不够的，如何分析数据，提取高质量的数据，形成量变到质变的飞越才是最关键的。对此创冰科技 CEO 刘震介绍，在职业足球赛事方面，创冰实时采集 30 个大项，1342 个小项数据，场均数据收集超过 15000 条，场均实况数据超过 7500 条，同时基于云计算分析平台，秒级更新数据，强大的数据图表输出能力使球队随时随地在移动终端实时查看比赛数据，根据数据进行及时的战术安排与调整。基于这些专业数据的分析，目前创冰科技与国字号球队、中超及中甲球队，未来会为中国联赛及其他国家顶级联赛提供定制化、专业级赛事分析报告，也是数据提取的质的飞跃。

雷达体育公司 成立于 2012 年，以 SportradarXML 原数据为基准，开发出嵌套版数据供各大彩票公司使用，内容涵盖比分直播、统计中心、赔率比较及文字直播 4 个产品。

该公司专注于采集分析基本面数据信息如比分直播、红黄牌、换人、乌龙球等等，以优化彩票及彩票资讯公司操作流程，提升彩民用户体验为目标。

2016 年，雷达体育公司完成 A 轮 160 万美元融资，投资方为阿里巴巴集团。

雷达体育公司是世界领先的体育投注数据供应商，拥有上千种体育赛事数据版权，自创始以来已服务分布在 80 个以上国家的上千位客户。数据继承了 SportradarXML 一贯准确、速度快、稳定、赛事齐全的品质。

四、"互联网＋足球"的发展

(一)"互联网＋足球"的特点

中国的"互联网＋足球"发展具有如下特点：已萌芽，发展快，作用大。

根据产业经济学理论，任何产业的发展都要经过萌芽、发展、扩张以及成熟期。一种产业是否萌芽的主要标志有两个：一是有无一种全新的产品的出现，而这种产品又具有广阔的发展前景和庞大的市场潜力；二是有无独立从事此种产品生产的厂家出现。只有当这两个条件同时具备才意味着一种新兴产业正在萌芽并初步形成。毫无疑问，经过近两年的发展，中国"互联网＋足球"产业已经萌芽。现阶段应处于发展和扩张期，发展速度十分迅速。近两年，有近百家"互联网＋足球"的厂商出现。

互联网进入足球产业也给足球产业带来了深刻的变革，发挥了巨大的作用。

首先，相比传统足球行业，"互联网＋足球"在满足人们的体育消费需求上更加便捷，让人们可以随时随地获取足球相关信息和服务。如获取足球资讯内容、观看足球赛事直播或精彩视频、足球培训、足球场地预定、业余足球联赛数据统计、足球彩票购买等等。其次，大数据让有效资讯可以精准到达用户，从计划、执行、控制三方面深刻影响足球产业的市场营销过程。以大数据为中心开展精准营销，已成为相关企业营销管理的新焦点。第三，通过移动硬件终端的基数功能，智能足球等一系列互联网产品应运而生，带给足球训练和培训以颠覆性变革。

(二)中国"互联网＋足球"发展态势

在经济学中，根据市场主体在某一商品市场中的数量比例和竞争程度,可以把市场划分为四种类型:完全竞争市场、完全垄断市场、垄断竞争市场和寡头垄断市场。目前的"互联网＋足球"市场可以大致分为两类,第一类是以阿里、腾讯为代表的互联网巨头公司在赛事、版权等足球产业的中上游领域形成的寡头垄断市场,第二类是中小型创业公司在产业的下游,围绕着足球产业链的痛点形成的垄断竞争市场。

1. 产业中上游——寡头垄断

体育产业可分为核心层、外围层和相关产业层,分别对应着产业链的上游赛事资源、中游媒体传播、下游体育衍生产业。从表 7-4 可以看出,随着阿里、苏宁、乐视等中国互联网公司相继进入足球产业,围绕着赛事、媒体转播展开争夺。不可否认,中国足球产业中上游已经进入巨头角逐的时代。

表 7-4   中国互联网公司在足球产业领域的布局

互联网公司	互联网公司在足球产业领域的布局
阿里巴巴	以 12 亿元入股广州恒大足球俱乐部,更名为"广州恒大淘宝队"
苏宁	全面接手原江苏国信舜天足球俱乐部,更名为"江苏苏宁易购队"
京东	与山东鲁能、上海绿地、上海申花、长春亚泰等 9 支足球俱乐部达成千万级别的赞助
乐视	以 27 亿元获得中超联赛 2016 年和 2017 年两个赛季的独家新媒体转播版权。参与北京国安足球俱乐部的投资

由于在足球产业的中上游存在较高的进出壁垒,投资少则几千万元,多则数十亿元,只有互联网巨头公司才有这个能力和财力,因此该领域厂商还相对较少,少数企业占据着绝大多数的市场份额,每个厂商在市场中都具有举足轻重的地位,且各个厂商之间相互影响,任何一个厂商在进行决策时,都不得不把竞争者的反应考虑在内,所以其不是价格的制定者,更不是价格的接受者,更像是价格的寻求者,形成了类似于经济学中的"寡头垄断市场"。

2. 产业下游——垄断竞争

与足球产业上游形成鲜明对比的是,目前在产业下游,"互联网＋足球"厂商数量众多,再加上中国庞大的足球人口和互联网用户基数,即使小众产品也由于消费者数量的无限扩大而具备生产的规模效益。此外凭借互联网信息完全的最大优势,每个消费者和生产者都可以掌握与自己的经济决策有关的一切信息,同时也解决了生产者和消费者之间信息不对称的问题。生产者和消费者的搜寻成本、交易成本都大大降低,使得小企业也无须再一味地跟大企业在广告费用或私下关系方面进行竞争,即使小企业也占据一份市场份额,形成了垄断竞争市场的结构,即具备以下几个条件:(1)买方和卖方众多;(2)产品差别;(3)进入和退出障碍低;(4)企业之间存在着激烈的非价格竞争。在"互联网＋足球"产业下游,一方面,每个"互联网＋足球"产品都存在差别,但是每个产品彼此都是非常接近的替代品,每个产品都会遇到其他大量相似产品的竞争。厂商进入、退出的障碍也低。此外由于互联网产品的特性——无形化、零制造成本、成长性、冲击性等,每个厂商几乎都采用免费策略,导致存在激烈的非价格竞争。依托最新的国家体育产业统计分类指标,可以将目前已经出现的"互联网＋足球"模式大致划分为以下五类。

(1)互联网＋体育培训与教育:足球的培训与教育是传统足球产业的重要组成部分,特别是针对青少年的足球培训。目前已经出现动吧足球(已获 3000 万元 A 轮融资)、毅涛足球(已获 500 万元天使轮融资)、董球会、跃动客等互联网创业公司。

(2)互联网＋体育场馆服务:足球运动离不开场馆,因此很多"互联网＋足球"公司集中在场馆服务方面下功夫。体育场馆服务主要包括两个方面。一方面是解决体育场馆运营的问题,目前已经出现了智慧运动场、优通场馆通等互联网创业公司;另一方面是解决足球爱好者"订场约战"问题,目前已经出现了诸如乐奇足球(已获千万级 A 轮融资)、格瓦拉(已获 2

亿元 C 轮融资)、趣运动(已获 2 亿元 C 轮融资)、踢球人网等。

(3)互联网＋体育传媒与信息服务:足球资讯、球迷社区、赛事直播等体育传媒与信息服务本身就需要互联网技术的支持,在这个领域,已出现了多家千万级别的互联网公司,如北半球(已获得 2500 万元 A 轮融资)、懂球帝(已获得 1000 万美元 B 轮)、肆客足球(已获得近 2000 万元的天使轮融资),此外还有虎扑足球、夏尔足球、章鱼 TV、足球控等等。

(4)互联网＋体育用品及相关产品销售贸易代理与出租:这是指互联网公司以垂直电商的方式切入足球产业中,自身并不生产足球相关产品,与品牌商合作,打造运动电商品牌,依靠积累用户和积累大量知名运动品牌厂家的供应商资源,以优个网为代表。类似项目还有垂直于足球装备的电商 ENJOYZ 足球、任意球等。

(5)互联网＋体育管理活动:主要包括足球大数据、足球竞彩以及业务足球联赛的管理。代表性的互联网公司有嗨足球(已获得 300 万元天使轮融资)、蚂蚁足球(已获得 200 万元天使轮融资)、搜达足球、欢呼吧、草根足球管家等。

(三)中国"互联网＋足球"发展的未来

1.纵向一体化发展

在经济学上,沿产业链占据若干环节的业务布局叫作纵向一体化,是指企业在两个可能的方向上,扩展现有经营业务的一种发展战略。在足球产业市场上,赛事和媒体转播权很重要,对于互联网公司来说,只有拥有赛事和媒体转播权才能拥有内容和传播的影响力。但一个现实问题是,众多版权购买成本极其昂贵,因此在未来的商业开发和变现上唯一可行的途径是纵向一体化化发展,形成产业链,从而有效地聚集用户。如果能构建一条垂直于足球产业的生态链,从上到下依次是媒体转播、赛事资讯、足球电商和球迷社区,那么:第一,可以降低生产成本,媒体转播和赛事可以为足球电商和球迷社区导入用户，免去推广成本。第二，能带来联合经营的经济效益，纵向一体化带来规模效益，并从媒体转播、赛事资讯、足球电商和球迷社区结合在一起的运营和共享行为中产生经济效益。第三，纵向一体化使得企业能够熟悉上下游生产运营相关技术的机会，有利于产生新技术和为已存在的上下游生产经营业务提供新的、可行的技术形式，提高差异化能力，从而获得竞争优势和垄断利润。第四，纵向一体化可以提高进入壁垒，对于产业上游的"互联网＋足球"公司来说，以赛事直播、资讯为载体，一方面可以用更好的产品和更优质的服务吸引足球迷，同时基于自身的互联网平台发展社区、电商、游戏等增值业务，向产业链下游的用户领域延伸，能够聚合上下游海量用户，同时也增加了用户黏性，打造成整套的足球生态闭环，从而提高产业的进入壁垒，使得新的竞争对手望而却步。

2. 细分市场，做到局部垄断

自美国市场学家温德尔·R. 史密斯（Wendell R. Smith）于 1956 年提出市场细分理论以来，该理论已经被广泛应用在指导企业的市场营销活动中，对加强企业市场竞争力起了很大的作用。市场细分对我国目前的"互联网＋足球"尤为重要。因为任何产业，在经历初期的快速膨胀式发展后，必然趋于理性，逐渐回落。任何一个行业，其中一条基本规律是，最后只会有一到两家存活。"互联网＋足球"也不例外，可以预见未来"互联网＋足球"创业公司总体数量将大幅下降，要在"互联网＋足球"市场中生存下来，需要细分市场，做到局部垄断。市场细分理论认为在每个市场中顾客需求都是有差异的，如果企业能够成功地对市场进行细分，精确地对顾客未被满足的具有可行性的需求加以界定，并率先占领这个细分市场，而不是简单地停留在产品差别上，那么，企业就可以在市场竞争中找到自己的生存空间。在我国目前的"互联网＋足球"市场中，产业上游形成寡头垄断市场，产业下游形成垄断竞争市场的格局。但是大数据带来的技术革命，庞大的数据资源为体育营销管理的量化进程奠定了基础，使往日纷繁复杂的营销管理活动逐渐演变为一系列的数据挖掘与相关分析,从而使得体育营销活动变得日益数字化、精准化、互动化、科学化。因此在"互联网＋足球"市场完全能够依靠大数据进行精准定位,做到市场细分。同时在细分市场中,众多小型的互联网创业公司也能够生存。因为在细分市场中,互联网巨头公司也不一定能发挥出规模优势,不用担心巨头公司通过流量入口的优势夺走用户。甚至,在细分市场,众多小型互联网创业公司所吸引的用户和占据的市场份额将大于互联网巨头公司,形成体育领域的"长尾理论"。目前,主打细分领域的"懂球帝",影响力和用户数都不断上升,成为互联网＋体育传媒与信息服务的代表性公司。

3. 免费策略,赢得用户

互联网之所以能够迅速发展,免费的力量起了很大的作用。谷歌的迅速崛起很大程度也是因为其主导的软件免费化。中国国内360软件的崛起也在于其免费的杀毒软件。在中国,特别是对于足球赛事,目前没有付费观看的习惯,对于掌握赛事和媒体转播的企业来说,要迅速获得用户需要走免费的策略。那么这些公司应该如何盈利呢?其实"互联网＋"具有双边市场形态,即一组参与者加入平台的收益取决于加入该平台另一组参与者的数量。广告商是否愿意在互联网平台上支付巨额的广告费用,取决于该平台的用户规模。"互联网＋足球"应用免费策略打开用户,毕竟要占据市场份额,必须要让消费者满意,而其将盈利点放在广告上以及后面的商业化运作上。同样,对于产业下游的"互联网＋足球"的创业公司来说,也需要依靠免费的策略。事实上,目前这些公司大多采用了补贴的手段来聚合用户、场馆、教练等。但是一味地依靠补贴吸引用户也不可取,补贴是机会成本,也容易陷入资本依赖。如果一件产品依靠免费策略也赢得不了消费者,一方面说明产品的设计存在缺陷,另一方面也说明市场对这个产品需求并不高。

4.技术创新,建立大数据资产

自亚当·斯密的《国富论》问世以来,劳动力、土地、资本等三大生产要素一直是竞争要获取的重要资源。但是在"互联网＋"的时代,资源更多体现在技术和大数据上。不像传统经济中企业获得一块土地,企业资产将升级,在"互联网＋"中,企业升级更多地依靠技术的创新。

目前的"互联网＋足球"产业下游的进入壁垒低,内容生产模式很容易被复制和被模仿。要想在"互联网＋足球"市场中生存,必须要靠科技,一方面提高技术壁垒,另一方面也是走产品差别化竞争。事实的情况是目前"互联网＋体育"带来广泛的"体育技术新产品"研发与应用,2014—2015年,全世界超过 3000 项新鲜运动技术专利获得投资与生产,2015 年全球有 981 个体育科技公司获得 A 轮或 B 轮融资。未来围绕着虚拟现实技术、足球大数据、智能化足球场馆管理系统、足球的可穿戴设备等各个领域将出现越来越多的新技术、新产品。

"互联网＋足球"的技术创新重点一方面在职业足球的赛事上,另一方面在大众足球领域。赛事上需要创新赛事的直播和传播方式,需要建立赛事的组织和策划系统。在大众足球领域需要利用大数据创新足球产业的市场营销方式,创新足球场馆的管理与服务,创新足球培训等。

五、"互联网＋篮球"的创业潮

毫无疑问,号称拥有 3 亿篮球迷的中国,是个不折不扣的篮球大国。庞大的运动人口基数意味着巨大的商业空间和创业机会。从 PC 时代到移动端,与互联网科技的结合,让传统的篮球赛事迸发出不同类型的商业创新。

（一）顶级赛事——互联网巨头和大公司的天下

顶级的篮球赛事，目前来看无非 NBA、国内的 CBA。能够玩转这种顶级赛事 IP 的公司，只能是互联网巨头和大公司。

（1）腾讯。2015 年年初，腾讯以超过 31 亿元的价格，拿下 NBA 未来 5 年的新媒体版权，一下抢占整个篮球市场的制高点。其方式很明晰，就是在上游争夺顶级的体育赛事版权，通过自有的媒介平台播出，吸纳的流量和目标用户与下游游戏、社交、电商等平台联动，并在未来实现商业变现。

（2）乐视。仅就篮球这个项目来说，乐视体育可以说是目前国内腾讯之后的第二梯队。其目前公布出来的篮球版权有 CBA、国际篮联下面的美锦赛和欧锦赛、欧洲篮球冠军联赛以及 NCAA 部分比赛等。乐视体育的玩法和腾讯类似，购买顶级赛事，到自有的平台进行内容输出，下游和公司智能硬件＋电商平台打通，构建起所谓的体育生态。

（3）虎扑。过去十年，虎扑一直是一个篮球 UGC（用户生产内容）的内容社区，其发展周期横跨 PC 端和移动端两个时代，在线上聚集海量球迷用户之后，也在电商以及线下赛事领域（比如明星赛、NBL 等）深耕。

（4）其他大型赛事公司。对于顶级赛事这一区域，基本是顶级赛事公司盘踞。比如，CBA 的市场合作伙伴是盈方（中国），后者 2015 年年初被万达收购。除此之外，2015 年 6 月，主营电视剧和综艺节目的上市公司华录百纳宣布进军体育，他们宣布增资欧篮中国公司，获得该联赛未来 15 年在中国区的独家经营权。再比如，2015 年 9 月初，阿里巴巴宣布与美国 Pac-12 结成战略联盟，将借助该赛事的影响力在国内做一系列的篮球落地活动。

（二）业余联赛＋校园赛事——信息化空间极大，创业机会最多

相比顶级的职业体育赛事，半职业化的业余联赛才是拥有巨大空间的

创业方向。目前国内半职业化的篮球赛事大致可以分为：校园联赛、企业赛事、机构组织赛事以及其他民间赛事。围绕不同的赛事，又衍生出不同种类的创业方向。

1. 大量线上约战 APP

因为大量民间篮球队的存在，球队之间存在比赛的需求，最直接的创业方向就是"约战"。特别是移动互联网成熟后，建立这样平台的技术成本降到最低。目前国内涉及篮球约战的 APP 有几十个，比如虎扑的同城约战、篮盟、篮球社、橘子篮球、嘀嗒运动、篮球热、你行你上等等。

2. 以视频为切入口，做场馆的智能改造

这一类创业项目，意图从场馆的智能改造入手，从而对篮球赛事本身进行打包的整体服务。典型案例如智慧运动场、球记等。

智慧运动场成立于 2014 年年底，项目来自虎扑体育。其希望通过将智能摄像装备嫁接到球场，为普通的赛事和个人记录精彩瞬间。同时有APP 可以为业余联赛做直播，比赛完成之后会有精彩瞬间的视频存储以及个人的技术统计。总之，创业方向就是让草根球迷也可以享受超级明星的待遇，至少从技术统计和集锦上如此。值得注意的是，除去篮球之外，智慧运动场还关注羽毛球、足球等等多品类运动的智能化改造。

球记是北京的一家创业公司，专注做篮球场的智能化改造。与智慧运动场的做法类似，也是通过给球场做智能设备的安装升级，意图记录草根球手的精彩瞬间，并通过移动终端做内容的存储和社交分享。

3. 建立数据统计平台，与业余联赛捆绑

视频、约战等切入篮球创业的方式之外，为业余联赛球队和球员提供较为专业化的运动统计数据，是另一种创业方式和方向。目前这一模式在北京已经出现创业项目。典型案例便是我奥科技。

我奥科技的创始团队来自北京高校，拥有计算机技术的专业背景。目前主要是为北京市属的企业联赛做全套的信息化和专业化的赛事定制服务。我奥科技有自己的技术统计软件,可以为不同赛事和球队记录每一个人的详细技术统计、照片、视频等等。

问题在于,首先建立数据统计的难度并不大,容易被模仿。其次,如何将数据统计系统快速有效地复制和推广,从企业到校园,从校园到更大范围内的草根,是难度和挑战所在。

4.民间联赛组织

这一类别,更关注民间的赛事组织,偏重于线下。设立一个赛程,将某一地区不同种类的球队进行分级,制定赛事规程,并对比赛结果和统计进行记录。

典型案例有城市传奇、BBL、U联、日落东单。

城市传奇:创始人周一帆是原来北京首钢青年队队员,退役后成为一个体育创业者。他的项目聚焦民间篮球赛事,背后依靠的是红牛的赞助,创办的城市传奇比赛已经有七八年时间。同时,他们还开发了相应的APP——微战,用以记录比赛数据。

BBL:北京限高篮球联盟,成立于2008年,参赛者身高必须在1米91之下,赛事的理念是只允许身高191厘米以内的球员参加,分为娱乐比赛和专业比赛两项,意在聚拢大量的民间篮球爱好者。

U联:主营大学生校园的联赛组织和运营,线上有论坛平台。

日落东单:创始人吴悠,在北京的街头篮球界颇有名气。赛事聚焦街头篮球,背后有耐克作为主赞助商,每年暑期在北京聚集来自全国各地的街头篮球爱好者,在东单举办民间联赛。

(三)草根赛事——商业空间有待开发

如果说半职业化的赛事针对的是"B"端,那草根赛事更多针对的是"C"端。尽管C端受众面更广泛,但相比半职业联赛的运动人群来说,他们的消费意愿和消费能力相对较弱。也因此,这领域的创业项目还略显单一,商业空间有待开发。

其中,较为典型的一个领域是线上篮球视频。总体来说,关于草根篮球的创业分为线上和线下。线上的创业项目,主要集中在视频培训。例如篮球教学、篮球教学视频、NBA 篮球技巧等等,各种篮球教学名目的 APP 非常多。

六、"互联网＋场馆"的变革

在互联网的浪潮下,移动互联网已渗入生活中各个方面。在体育行业内,身在供需两端的体育行业者,更多关注线上与线下的融合发展。科技与体育场馆的结合,让未来的大众体育场馆实现现代化场景,如信息化、数据化。

(一)信息化

对于全民健身的大众场馆而言,便捷、优质、综合性的服务才是其信息化的服务点。首先是 Wi-Fi 无线网络的建设,这是大众体育场馆信息化服务的前提与关键。无线网络的接入,为用户提供快速的网络,将场馆的所有人、比赛、终端、屏幕连接起来,并通过网络与应用的深层次耦合,为观众提供愉悦的观赛体验,而场馆和赞助商能够通过全连接的数字平台进行更有效果的运营。此外,线下场馆运营者可通过网络技术获取终端的位置,顾客到达预设地点后,其移动 APP 可收到此场馆相关营销信息的推送,包括优惠活动、展馆服务、赛事预报等等。

(二)数据化

除前文提到的,一方面,在信息化方面上,对商业 Wi-Fi 分析后,进行精准营销,识别出用户的线上和线下行为喜好,并根据喜好进行分类,为后续的商业广告活动提供精准输入。

另一方面,对于未来大众场馆,健康是其主要的关注点。场馆运营商可通过人工智能与大数据分析得出用户健康报告,对用户进行健康指导,增加用户对场馆的黏性。

智能化的体育消费综合体不但能够给用户提升活动体验,更能通过信息化和数据化更好地收集用户的消费习惯以及消费方式,并且针对性地调整商业落位,可以说智能化对于未来体育消费综合体的构建来说将会是一个非常重要的角色。

(三)典型案例

1.洛克公园:拓展场馆增量市场

成立于 2006 年的洛克公园抓住了这一机会,在沉寂数年之后终于梅开二度。洛克公园的传统业务是向篮球爱好者提供商业性场地,而近年来受电商强烈冲击的商业地产急需导流,双方一拍即合。洛克公园将地产商用不到的仓库、停车场、楼顶等空间改造成篮球、足球、羽毛球等运动场地,依靠场地租赁和门票收入已实现盈利。洛克公园的未来定位是"美式运动体验馆",打造场馆文化,并逐渐将盈利点转移至赛事、赞助和周边衍生产品。

2.五棵松体育馆:步入智能时代

对传统场馆进行智能化改造升级,是提升场馆价值的重要手段。由华熙文体运营的五棵松体育馆正在加速步入智能化时代,在基础服务层面,全网覆盖使得交通指引、GPS 定位等服务更便捷;在增值服务层面,引入乐视体育,未来将实现在乐视 APP 上线上订票、导航入座、现场互动、竞猜游戏等智能服务。

目前,国内绝大多数场馆资源掌握在政府手中,网络设施较差,盈利模式单一。未来随着市场化的渗透,改造传统场馆,盘活周边商业经济,在全城甚至全国优化场馆资源配置,这一战略极具想象空间。当然,挑战也是极大的。

第八章

体育电商的发展

2015年，天猫"双十一"的总成交金额高达912.17亿元，京东下单量也超过百亿；2016年，更是1小时就完成了353亿元的成交额，京东1小时13分钟突破2013年"双十一"全天成交额；2017年，天猫"双十一"9小时突破千亿元成交额……在移动化趋势显著的今天，电商的"双十一"狂欢依然震撼人心。

而在网购流量红利期中，体育用品的线上销售额也与日俱增。据阿里巴巴官方数据显示，2015年仅在"双十一"期间，淘宝体育用品的GMV成交额已经达到44.57亿元，相比于2014年的28.73亿元上涨了55%。"双十一"天猫商家排行榜上，耐克、阿迪达斯和New Balance三家体育品牌旗舰店入围前十，足见体育电商的实力。而国内体育用品领导品牌安踏2015年"双十一"销售额就已达到了1.7亿元。

然而，传统的体育装备商连创销量新高只是引人注目，在体育产业的潜移默化中，早有多元化的战场。以懂球帝、乐视体育为代表，以自身流量延伸电商业务的平台，早就在试图通过自身流量完成变现，通过精准对口的装备、消费人群和传统电商共分一杯羹；而如小李子、任意球等以电商起家的专业型平台，正在千方百计吸引更多的用户流量；还有如阿里体育这般尝试体育服务电商化的行业引领者,正试图将更多虚拟服务通过电商平台带给用户。

与 2015 年炒概念博关注即可获得资本青睐不同,在 2016 年,冷静下来的资本想要看到商业模式与收益,因此,天生具有强变现能力的体育电商细分市场,便成了体育创业人士的新宠儿。另外体育电商也有自己的两个机会:第一,有一个很大的痛点没有解决,现在所有线下,品牌直营店在商品品类准备上,了解商品文化背后故事,未必做得过线上,这是线上的机会。第二,从零售来讲,运动消费人群素质很高,客单价很高,退货率非常低,有一定的毛利率,库存周转率很高,非常适合让公司进入数字平衡,进而快速发展体量,是一条很安全的路。

国内体育电商平台按照企业基因大概可以分为两种:一类是自身拥有大流量的入口,依靠流量伸展电商业务以求变现,以懂球帝、咕咚、虎扑识货、乐视体育等为代表的"流量型平台";另外一类是电商平台的业务拓展或转型,如小李子、任意球、准者体育、广州 CC 体育、天朗、皇贝等"专业型平台"(见图 8-1)。

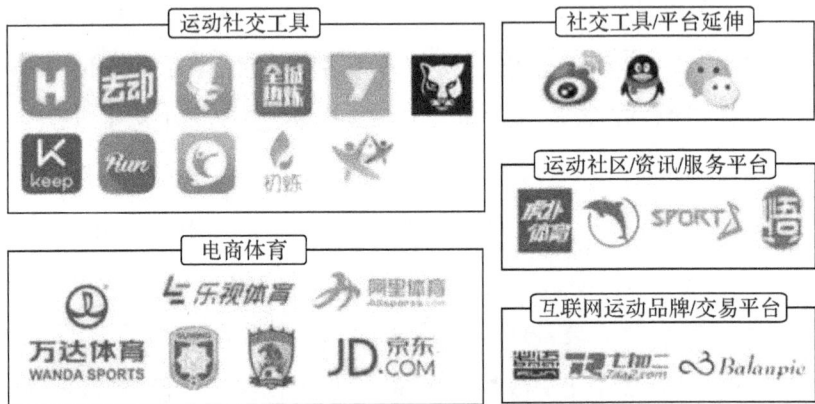

图 8-1 2016 年中国体育运动电商产业链图谱

对于自身拥有流量入口的公司来说,进行宣传和获取潜在用户并不难,难的是把用户变成销售额。

懂球帝 作为国内用户体量最大的足球 APP,懂球帝上千万人的足球受众群体是其做足球装备类垂直电商的优势所在。在 2015 年 11 月上线 APP 商城之后,2016 年 1 月,懂球帝将淘宝网店下架,全面主攻 APP 内部直购。目前,懂球帝的电商销售主要集中在体育装备方面,其中服装类占比 25%,而球鞋占比大约为 60%,品类更加广泛、涉猎球票代理是其近期发展中值得注意的亮点。

咕咚 咕咚的用户人群为跑步类人群,一方面用户范围更广,而另一方面,跑步用户中单个用户的中心价值较高。跑步群体的包容性使得咕咚的商品定位也更加大众化,而咕咚的自有品牌已经研发并上线,包括智能手环及跑服等。咕咚的优势首先在于其基于 7000 万名用户、20 万个用户跑团,全国线上赛事有 100 场,是中国最大的社交 APP。体育电商和其他电商的不同就是更专业,更服务化,新产品可以在 APP 做一个引爆。其次就是服务,服务来源于咕咚 APP 中都有运动的存在,跑步时手环上可以串联数据,这些都是传统电商达不到的。

乐视体育 乐视体育电商本身依傍着巨大流量,乐视体育电商的定位是做一个体育装备全品类的垂直电商平台,流量主要是依托版权赛事的引流。根据乐视体育电商总经理鲁鹏飞的介绍,乐视体育和传统体育电商的商业模式是倒过来的,先通过乐视网积攒了庞大的用户群体,再去考虑用户需要的商品,这是乐视体育的核心商业路径。基于这样的路径,乐视体育自然而然地有很多跨界领域可以去做。比如传统的入口和出口,乐视的入口就是乐视体育的媒体平台,它每天带来的用户是 2000 万名,他们是未来体育产品消费的潜在客户。

乐视体育发展得比较晚,还在做电商的数据积累,后面必会有一个大的爆发。乐视的推广方式分两类,一类是直接通过简单粗暴的方式推荐,这样的转化率差不多在千分之几的水平;另一种是通过产品化的语言、互动游戏和可参与二次变现的灵活交互方式，这样的参与率特别高，以游戏为例，参与度能达到 20％。

阿里体育 阿里体育是最不愁流量的。对于阿里体育而言，卖货已经不再是其考虑的首要任务，其更需要考虑的是如何搭建电商体育服务平台。

其实开展电商业务的公司还有很多，不过电商在其各自平台上的比重不尽相同。对于本身流量很高，且汇聚了一定用户的平台而言，转而做电商是自然而然的逻辑——不少粉丝活跃性很高的体育自媒体也开展了电商业务。

对于这类"流量型平台"而言，虽然也需要再接再厉地做好自身社交媒体与线下活动，进一步提升用户的黏性，但主要任务还是找准产品定位，理清电商逻辑，从而将自己的庞大流量变现。

专业型平台 社媒＋线下，引流是头等大事。而对于企业主要就是电商"专业型平台"来说，用户的引流则成了最大的问题。以同样做足球装备类产品的小李子和任意球为例：任意球的一级经销商身份带来了货源优势与渠道优势；而小李子则以淘宝店起家，行业经验丰富，有一定的粉丝群体。

用最低的成本提高目标用户的认知度并达成流量变现——对此类体育垂直电商来说，取得用户流量则成了更重要的事。因此，在线上打造自己的媒体社交属性平台，是最切实有效的渠道。任意球的 APP 里有直播平台与社交板块，而小李子则很重视微博与公众号平台的宣传。此外，其对线下的赛事赞助与活动也显得更为重视。任意球进行了大量的赛事与场地合作进行引流，其平台上有数千支业余球队。而小李子除了类似的赛事合作、奖品赞助与广告投放，还与光大银行合作增加了刷卡渠道。目前小李子在上海有三家线下体验店，而以经销商起家的任意球，在全国已经有 20 余家实体店。小李子的创始人李鹏程说："这个行业最大的痛点其实就是好产品,以前电商的优势是价格,但是现在线上流量成本增加了,价格的优势也越来越小了,实体店的存在是必要的。"

从任意球和小李子这两个优秀案例来看,对于专业型平台来说,自身定位和商业逻辑本身是清晰的,但能够持续地获得用户才是关键。在这个过程中,不断提高存在感的他们,也在形成着自己的用户社群,向着"流量型平台"靠拢。

虽然不同企业针对的体育垂直领域有所不同,但在产品的定位模式及营销渠道上,从业者似乎达成了共识:打造有社交功能的 APP、重视线下赛事赞助活动与视频直播引流、形成用户社群等,最终形成自己的产品品牌。

体育电商终究归根于电商行业,落脚点还是要在互联网思维及产品的品质与服务上,而这也对电商团队提出了很高的要求:不仅需要具备互联网思维,创造出具备媒体属性的品牌产品,还要去把握体育用品与服务市场中的痛点,量体裁衣地找寻出自己的生存空间。

然而,即便做好了这些,在综合电商巨头的挤压下,留给体育类垂直电商的空间依然很有限。近年来,垂直电商可谓是四面楚歌——1 号店被京东收购,红孩儿被苏宁收购,最早打出垂直电商概念的当当网,如今的股价已经不如其初上市时的一半,近年来关于当当网被收购的话题也此起彼伏……

危险不仅仅来自外部,垂直电商本身也在进行着激烈的竞争,除去卖服务的平台和获得特许经销授权的平台之外,多数电商平台的产品面临着较大的同质化,因此,体育电商难免会陷入价格战中。

但是即便是垂直电商,也要遵从体育行业一段时间潜伏期的规律,"在这段时间我们主要是做产品及品牌,对盈利不会特别在意"。目前来看,体育电商掌舵者也大多对行业的前景保持着乐观。当然,大家也承认,想要突围而出,还有很长的路要走。在这段漫长的蛰伏期里,跟综合性电商抗衡对体育电商而言并不现实,还需要不断强化其媒体属性,逐步获取市场及用户。而体育电商想要盈利,想在综合电商的夹缝中存活下来,必须保证自身的垂直电商优势。

纵观电商市场,目前在各领域内存活下来的垂直电商,均有其自身的产品优势或营销渠道优势——乐蜂网有美妆节目及达人的品牌效应;聚美及蜜芽宝贝的产品定位及货品渠道更具优势;而唯品会针对二三线品牌的库存尾货这一市场定位,也是当初综合性电商平台没有触及的领域。

这些电商平台均找出了综合电商覆盖下的市场空隙,提供出综合电商很难提供的服务,且均具备网红属性。这些也是体育垂直电商值得去借鉴的。

2016 年 10 月,马云就电子商务做出了新预言:纯电子将会遇到巨大的挑战,取而代之的是线上、线下、物流、数据、技术的完美结合,将会形成线上线下及物流一体化的新零售。

这似乎与与体育电商的定位相符,与其他垂直电商更侧重线上相比,体育电商往往需要进行线下的布局。无论是小李子还是任意球,都有门店在不断开张,而乐视体育电商负责人也透露了实体店计划。

不过,如今时代场景变化迅速,想要把概念付诸实践,需要利用大数据搭建多维度的战线,找到准确的定位,努力去做到盈利。只有这样,体育垂直电商或许才能在综合电商来袭时依然把好自己的舵,不被掀翻或吞没。

第九章

互联网＋体育其他服务

一、体育旅游

体育旅游业,是体育产业的一个重要组成部分,同时又是旅游业发展的一个新亮点。体育旅游业是体育产业与旅游业交叉渗透而产生的一个新的经济领域。

2016年是体育资本与创业公司真正开始关注"体育旅游"产业的元年。众多互联网企业、OTA在线旅游网站、传统旅游企业和文化体育娱乐企业,甚至是航空公司、房地产集团等等,蜂拥而至,一齐进军"体育旅游业"。

当前我国进入全面建成小康社会的决胜阶段,在新常态下,体育、旅游等生活性服务业在扩大有效投资和消费方面的作用尤为凸显,已经成为培育中长期经济增长点和发展新动力的重点区域。根据世界旅游组织的数据,2015年,全球体育旅游市场规模达到2052亿美元,并保持15%左右的年增长率,超过旅游产业4%~5%的整体增长速度。以此测算,2020年全球体育旅游市场规模将突破4000亿美元。随着国民生活水平的提升和消费升级,以体育、旅游、休闲为代表的体验式消费正在快速增长,并将成为下一阶段的消费主体。

2015年，中国旅游业市场规模超过4万亿元，共有41.2亿人次国内游或出境游。中国国内旅游、出境旅游人次和国内旅游消费、境外旅游消费均列世界第一，相较2014年的30311亿元提升近万亿元。而在线旅游渗透率正逐年提升，从2012年的6.5%提升到2015年的10.8%。作为体育与旅游两大产业交叉的新兴产业，体育旅游市场正成为中国旅游休闲领域的亮点。根据此前UNWTO（联合国世界旅游组织）的数据显示，体育旅游增速已达每年14%，是全球旅游市场中增长最快的细分行业。同时，我国2015年体育旅游实际完成投资791亿元，同比增长71.9%。

在消费升级背景下，观看式消费转向体验式消费，与线下旅游业态结合是IP价值最大化的体现形式，体育旅游正是为消费者提供良好的体验式旅游服务。

据了解，体育旅游主要指的是人们以参与和观看体育运动为目的或内容的一种旅游活动形式。传统意义上的"旅游+体育"主要对应观赛类以及参赛类旅游两大类旅游产品，表9-1中即为里约奥运会期间国内的一些观赛类旅游产品。随着旅行企业与体育产业结合加深，部分企业开始谋求向上发展，打入赛事运营及开发的市场。

有关专业机构对2016年1月至4月举办的311场各类大型体育赛事监测数据显示，观赛和参赛人数共计338万人，由赛事产生的旅游、交通、住宿、餐饮等关联消费达119亿元，对举办地的经济拉动超过300亿元。

2016年5月17日举行的2016中国旅游产业投融资促进大会上，国家体育总局和国家旅游局签署了《关于推进体育旅游融合发展的合作协议》，"体育+旅游"发展模式已成为各地经济发展的必然需求。

表 9-1　里约奥运会相关体育旅游产品

企业名称	产品
凯撒旅游	单独销售奥运会门票；门票＋签证、机票。酒店等自由行组合产品；巴西一国或南美多国组合的团队游产品
同程旅游	"奥运会开幕·巴西—阿根廷 15 日游""奥运会女排决赛·巴西—阿根廷—智利—秘鲁 21 日游""奥运会男篮决赛·巴西—阿根廷 15 日休闲游"等带有奥运会开幕式、闭幕式或者相关赛事门票等的线路产品
途牛旅游	"巴西＋阿根廷"连线、"古巴＋墨西哥"连线、"南美＋南极"连线、巴西一地、南美四国游等，且行程中均安排观看热门赛事或开幕、闭幕式等
驴妈妈旅游	以"奥运开幕式＋风情南美洲深度游"为主线
携程旅游	"奥运会女子十米跳台冠亚军决赛·巴西 11 日跟团游"；"巴西—阿根廷"等 11 个地区组合的 23 日深度游；机票＋酒店；团队游；与奥迪合作试驾；获得免费"巴西体育游"团票

二、体育彩票

中国体育彩票由财政部监管，国家体育总局体育彩票管理中心具体管理发行。1994 年，国家体委正式在全国范围内统一印制、统一发行、统一管理体育彩票，成立了国家体委体育彩票管理中心，全国 31 个省份分别成立了各自的体育彩票管理中心，建立起了遍布全国的体育彩票销售网络。

前瞻产业研究院提供的《中国体育彩票业市场前瞻与投资战略规划分析报告》指出，2011 年我国体育彩票市场销售额约为 937 亿元，2012 年突破千亿元大关，约为 1104 亿元，2013 年为 1327 亿元，2014 年为 1764 亿元，在巴西世界杯助力下，这一年体育彩票销售额同比增长 32％，创下历史新高。2015 年由于缺少大型赛事利好，体育彩票销售额又回落至 1644 亿元。各类体育彩票销售中，乐透型彩票销售占比最大，超过 50％；其次是竞猜型彩票，占比超过 30％；最后是即开型彩票，占比不到 10％。2015 年我国乐透型彩票销售935亿元,占总销量的56.2％;竞猜型彩票销售589亿元,占总销量的35.4％;即开型彩票销售140亿元,占总销量的8.4％。

乐透型彩票属于概率性游戏,按数字多少可分为小盘、中盘、大盘或超大盘游戏。在"十二五"期间乐透型体育彩票销量达3926亿元。2015年乐透型体育彩票共销售935亿元,占总销量的56.2％。"十三五"期间的目标是,到规划末期乐透型彩票年销量达到1311亿～1439亿元,与2015年相比,年增速大概为7％～9％。目前乐透型体育彩票是我国体育彩票中销量最大的类型,主要收入来源是超级大乐透和11选5。

竞猜型体育彩票是以体育比赛为媒体发行的彩票,包括足球彩票、篮球彩票等。在"十二五"期间,竞猜型体育彩票累计销售2005亿元,2015年竞猜型体育彩票销量为589亿元,占比35.4％。竞猜型体育彩票在"十三五"期间的目标是五年销售超过4000亿元,2020年销量达1000亿元。

与乐透型体育彩票相比,竞猜型体育彩票在下一个五年的计划目标较为乐观,到2020年时增幅近70％。这是由于竞猜型体育彩票较有趣味性,而且潜力巨大。

目前我国的竞猜型体育彩票玩法和项目还较少,但是在"十三五"期间会增加国内赛事的竞猜,《体育产业发展"十三五"规划》中曾提到要加快中超联赛足球彩票的研发。国内体育赛事的加入预计会给竞猜型足球彩票的销售带来一定的增长。

即开型体育彩票,是购买者在购票后立即就可了解其中奖与否,并可当即兑奖的彩票。"十二五"期间,累计销售843.86亿元,在2011年时达到历史最高的199.59亿元。2015年即开型体育彩票销售额为140亿元,占总销量的8.4％。"十三五"期间的目标是累计销量突破400亿元,到末期年销量达到200亿元,比2015年增长约43％。即开型体育彩票所占市场份额较小,玩法相对单一,产品同质化严重。因此,"十三五"期间预计即开型体育彩票上升空间有限，到末期时的 200 亿元销售额与 2011 年时的最高值基本相同。

前瞻产业研究院预计，到 2018 年国内体育彩票市场规模可超过 2300 亿元，其中乐透数字型体育彩票依旧是市场主流，销售额将达到 1543.15 亿元；即开型体育彩票销售额将达到 168.83 亿元；竞猜型体育彩票销售额将达到 648.24 亿元。三类彩票销售占比分别为 65.38％、27.47％与 7.15％。

政策驱动、体育赛事利好以及未来互联网彩票解禁三大因素，是推动体育彩票市场迅速发展的关键。

政策上，国家体育总局发布《体育发展"十三五"规划》，提出了全力做好体育彩票、加快体育彩票创新步伐、积极研究推进发行以中国足球职业联赛为竞猜对象的足球彩票等内容。体育彩票与竞赛表演业、健身休闲业、场馆服务业、体育中介业、体育培训业、体育传媒业、体育用品业一起，被列入体育产业发展的八大重点产业。规划肯定了"十二五"期间我国的体育彩票取得的成绩：累计销售 6799 亿元，年增长 19％，筹集公益金 1762 亿元。同时，国家体育总局也确立了"十三五"期间年销量超过 2500 亿元，五年过万亿的总体目标。

体育赛事方面，2016 年是体育大年，国际上有欧洲杯、奥运会等大型赛事，全年体育彩票销售 1881.5 亿元，明显受到国际大型赛事对国内体育彩票的利好影响。

目前，互联网彩票已停运超过一年，虽然国家未给出明确的重启时间，但互联网彩票对彩票行业贡献巨大，国家整顿完这一领域后，解禁互联网彩票是迟早的事情。互联网强大的影响力使得互联网彩票飞速发展，而当互联网彩票被禁止时，彩票行业整体也大受影响。因此，互联网彩票整顿后解禁是大势所趋，体育彩票也将从中分羹。随着线上销售的放开以及彩票玩法的多样化，体育彩票的 B2B 与 B2C 销售业务也将获得大幅度提升。

第十章

"互联网＋体育"的未来

一、"互联网＋体育"的融资情况

透视"互联网＋体育"的未来需要关注"互联网＋体育"的整个发展变化情况,而"互联网＋体育"的整个发展变化情况通过融资最能直观地反映出来。

从图 10-1 和图 10-2 中,我们可以看出:

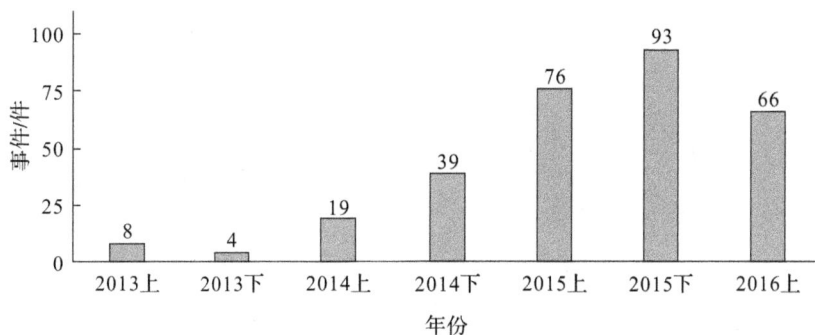

图 10-1　2013—2016 年体育健身领域融资事件数量

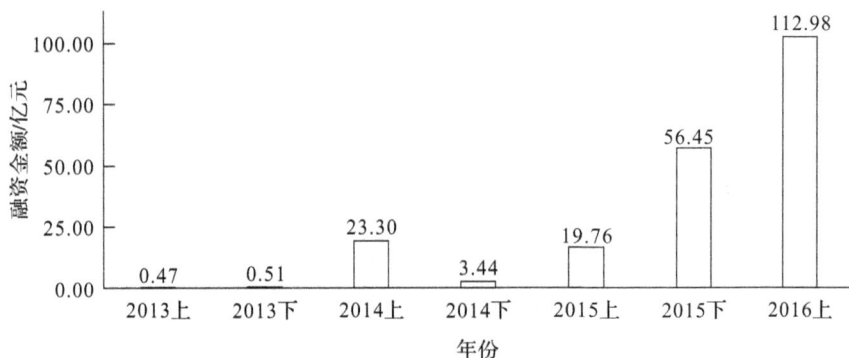

图 10-2　2013—2016 年体育健身领域融资金额

①2014 到 2015 年下半年，体育产业投融资事件数量一直在高速增长；②2016 上半年受资本寒冬的影响，投融资事件数量有明显下滑；③2014 下半年到 2015 年下半年，投融资金额同样在高速增长；④2016 上半年，虽然投融资事件下滑，但在乐视体育 80 亿元融资金额的推动下，该领域的投融资数额依然呈现上升态势。

2016 年上半年投融资事件下滑，主要是受到哪个阶段行业的影响，需要深入分析一下各轮次的投融资数据分布和趋势（见图 10-3 和图 10-4）。

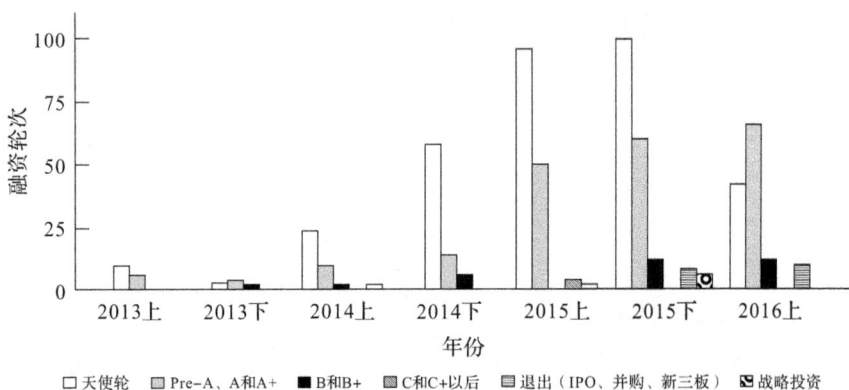

□天使轮　▨Pre-A、A和A+　■B和B+　▨C和C+以后　▨退出（IPO、并购、新三板）　▨战略投资

图 10-3　2013—2016 年体育健身领域融资轮次数量

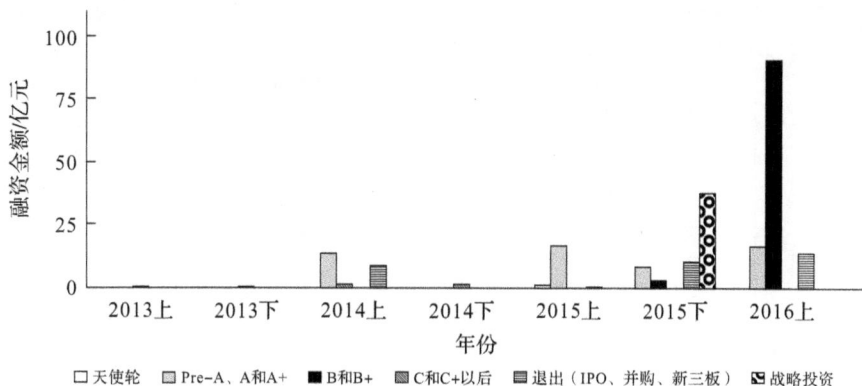

图 10-4　2013—2016 年体育健身领域融资轮次金额

我们把各轮次的融资事件数量和融资金额细分统计后发现：

①天使轮投融资事件的大幅降低，是影响整个市场数据的重要因素。

②Pre-A、A 轮和 B 轮的投融资事件数量从 2015 年开始明显上升，直到 2016 年上半年依然保持上升趋势，其中 B 轮，除去 2016 年上半年乐视体育的 80 亿元融资，B 轮的融资额基本跟 2015 年能够持平。

③C 轮和退出则是从 2015 年才开始出现的，数量虽然不多，但到 2016 年上半年，融资金额也明显上升；其中，2015 年还出现了 3 起战略投资事件，被并购方分别是体育用品公司美克国际、体育传媒公司盈方体育和在线健身平台小斑科技。

早期融资的数量和金额已经下降，中后期的数量和金额从 2015 年开始持续上升，这标志着部分细分领域已经走出初创期，走向成长期，竞争也会越来越激烈。

我们从 2013 到 2016 年的体育健身领域新创项目数量（见图 10-5）中观察到：

①2013 年创业项目数量还比较平缓，随着 2014 年 46 号文件的发布，创业数量开始上升，在 2015 年达到顶峰。

②2015 年下半年，创业数量开始大幅度下降，这一方面标志着个别细

分领域已慢慢走向成熟，另一方面也说明新的创业模式还尚未出现。

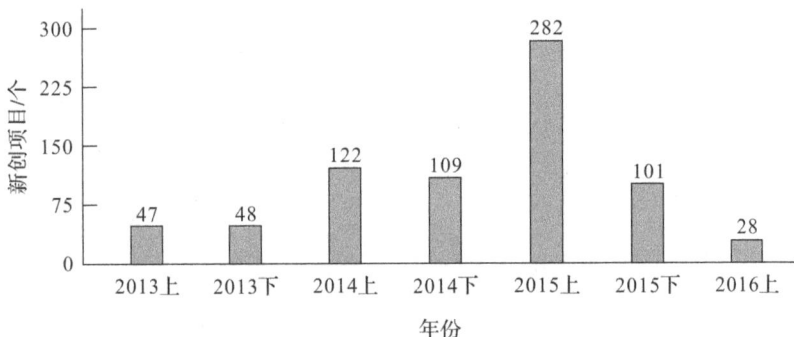

图 10-5　2013—2016 年体育健身领域新创项目数量

二、从资本布局流向的角度分析细分领域的竞争态势

以下从资本布局流向的角度分析细分领域的竞争态势。

（一）体育产业已产生退出项目的细分领域盘点

从图 10-6 的体育行业已退出项目及图 10-7 的成立、退出时间中我们发现，接近 70％的项目成立于 2010 年之前，且比较偏重实体产业。

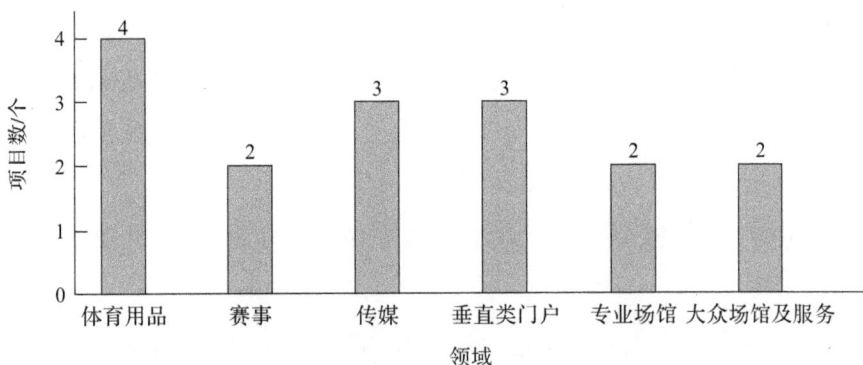

图 10-6　体育行业已退出项目领域细分分布

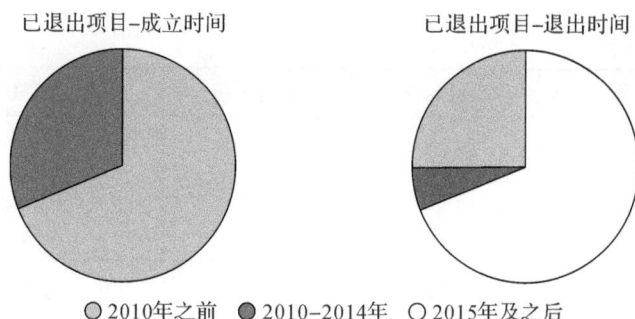

图 10-7 体育行业已退出项目成立、退出时间

①体育用品领域有四家公司已实现 IPO，该领域已比较成熟，没有任何产业资本背景的初创企业很难有竞争机会。

②服务类、场馆类、赛事类等领域也有项目以登陆新三板或者被并购的方式退出。

(二)体育领域融资金额超过 2 亿元的项目

我们挑选了融资金额超过 2 亿元的项目(见表 10-1)，从这些项目的投资方，我们可以发现产业基金和上市公司已经占了主导地位，主流 VC 的影子相对较小，其中赛事转播、足球俱乐部、电竞、媒体平台都成了巨头关注的焦点。

表 10-1 体育健身融资金额超过 2 亿元的项目列表

项目名称	融资轮次	融资金额	投资机构
乐视体育	B 轮	60 亿元人民币	海航资本 凯撒股份
美克国际	战略投资	39.6 亿元港币	华人文化产业基金 腾讯
恒大足球俱乐部	A 轮	12 亿元人民币	阿里巴巴
体育之窗	IPO 上市后	9.5 亿元人民币	掌握科技
desporls	并购	8.2 亿元人民币	通博股份

续表

项目名称	融资轮次	融资金额	投资机构
乐视体育	A 轮	8 亿元人民币	万达集团 普思资本 东方富海 云锋基金
锋力盛家	A 轮	1 亿元美元	华人文化产业基金
英雄体育	A 轮	6.4 亿元人民币	分众传媒 中信国安 永制基金 光大印纪传媒
章鱼 TV	并购	3 亿元人民币	乐视网
keep	C 轮	3200 万美元	晨兴资本 纪源资本 GGV

(三)产业资本布局盘点

从图 10-8 可以看出,产业资本的四大巨头,都积极地向体育赛事及运营进行布局,而在体育赛事领域之外,球队俱乐部、场馆、媒体平台也是它们热衷的投资方向。这些领域往往需要大体量的资金撬动,是资本巨头们的竞技场,门槛很高,普通创业者较难进入。

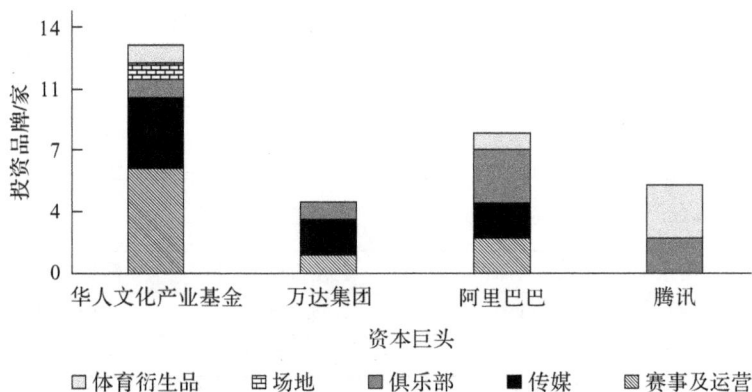

图 10-8　资本巨头体育产业布局领域分布

腾讯的投资策略与其他三家略有不同,除了购买赛事IP之外,更注重周边衍生类、中早期的移动互联网类的项目,这也符合腾讯一贯的投资风格。

除了以上四家巨头,还有不少上市公司通过成立专项投资基金来切入体育产业。据不完全统计,已有贵人鸟、探路者、雷曼光电等7家上市公司在年内分别牵头设立了体育产业基金。从运作情况来看,由贵人鸟联手虎扑体育、上海景林投资管理有限公司成立的动域资本,目前投资项目已超过10个,在业内领跑。光大体育文化投资基金也在电竞、健身媒体社区、体育装备及赛事运营有所布局。

(四)主流VC资本布局盘点

主流VC主要围绕健身软件、垂直社区及媒体进行布局,和产业资本主要布局一些重资产领域有较大方向差异。过去的20年间,中国体育行业发展,已经从以"中国制造"为代表的体育用品制造业为主流,开始向以内容、服务为主的第三产业转变。体育用品制造领域,早已有像安踏、李宁这样的成熟上市企业,而围绕体育赛事、体育场馆等重资产领域的投资,已有多个项目实现退出,且参与投资的也大多是资金雄厚的产业资本、互联网巨头。留给早期创业者的机会,更多的是在垂直细分领域,例如健身、减肥、骑行等,内容属性上偏向C端,例如社交、内容社区、垂直媒体等轻资产项目,这也是VC机构重点布局的领域(见图10-9)。

据政府报告统计,2014年中国体育及相关产业收入不到3000亿元。面对这目标5万亿元的巨大市场,未来10年内,我们可预期一大批独角兽公司将会在此诞生。当下的资本寒冬只是给这波刚刚兴起的热潮,稍稍降了点温。看似冷却的资本市场中,大资本的投资与布局则在他人的哀叹声中悄然进行。

图 10-9　主流 VC 资本布局盘点

三、"互联网＋体育"的死亡原因

根据公开信息了解到,目前有二十多家"互联网＋体育"企业已经关闭,其中一些企业或是转型,或是已经被收购。在整理过程中,查找到的此类初创企业见表 10-2。

表 10-2 "互联网＋体育"初创企业状况举例

序号	品牌名称	成立时间	主营业务	目前状况
1	乐跑屋	2015 年 5 月	智能健康产品	关闭
2	中体动力	2014 年 9 月	体育竞技大数据	关闭
3	跑团小秘	2014 年 12 月	跑步移动工具	关闭
4	一诺网	2015 年 1 月	户外训练服务平台	关闭
5	球迷邦	2015 年 2 月	足球移动社交应用	关闭
6	叁友科技	2014 年 12 月	体育文化公司	关闭
7	舞吧	2015 年 4 月	舞蹈教学分享平台	关闭
8	好健	2014 年 3 月	健身 O2O 服务公司	关闭
9	宅不住	2014 年 9 月	提供推荐场馆服务	关闭
10	爱滑雪	2014 年 12 月	提供滑雪服务	关闭
11	5210 高尔夫	2013 年 7 月	高尔夫服务应用	关闭
12	易淘高尔夫	2011 年 1 月	高尔夫服务应用	关闭
13	动典	2013 年 1 月	移动的运动教科书	关闭
14	互邀网	2008 年 5 月	预订场馆的网站	关闭
15	骑程网	2012 年 6 月	自行车垂直服务平台	关闭
16	isport	2012 年 4 月	足坛资讯应用	关闭
17	一起看	2012 年 3 月	台球资讯及推荐服务	关闭
18	爱豪门网	2011 年 3 月	台球资讯及资源服务	关闭
19	虎歪网	2012 年 1 月	提供场地预订平台	关闭
20	7＋健身	2014 年 4 月	健康管理服务平台	被收购
21	全城热炼	2014 年 7 月	健身 O2O 公司	转型
22	骑遇	2014 年 12 月	骑行智能硬件	关闭
23	健身坊	2015 年 1 月	私人健身服务平台	转型

来源：www.iyiou.com。

(一)资金链断裂,开展业务的过程中缺乏资金支持

体育初创企业,在创业的过程中错失最佳的融资时机,然后在紧要发展时刻,没有足够的资金支持,难以继续开展业务。尤其是2016年资本寒冬时期,面对初创企业,投资人更加理性,投融资数量以及额度远远少于2014年和2015年,部分较为知名的投资机构,变得更加谨慎。

另一方面,创业企业没有自己的盈利,无法支持后续业务开展。《骑行类创业项目骑遇宣告死亡,创始人说硬件创业坑太多》一文中,创始人刘宏亮在文中自述道:"为了投资人的要求,把运营数据、活跃度、用户数做上来,我们当时都是去考虑这种东西,做很多活动,往外送鸟蛋,去吸引关注品牌,吸引多少人下载APP。现在想想这些是错了,吸引的用户不一定是骑友,最重要的,还是你的造血能力。"

(二)模式不清晰,难以适应国内市场

很多初创企业没有研发好自己的产品,未能找到符合国情的商业模式,比如主要做户外零售的国美体育在2012年关闭两家店铺,其关闭原因有各种说法,但是其中一个原因也是因为不符合中国市场。

近半年,全城热炼已经关闭相关业务,转型做单车馆。成立于2014年的全城热炼,是一个健身馆O2O对接平台,用户可以通过APP查询身边运动场馆和课程,2015年5月获得了经纬中国千万元的A轮融资,同年12月又获得了君联资本和经纬中国数千万元B轮融资。

具体来说,全城热炼借鉴的是美国的ClassPass模式,推99元包月不限课程类型、不限消费次数,但同一健身房每月内最多消费不能超过三次的团购,后期在个别城市开始推出299元包月的小团体私教套餐。全城热炼希望通过与传统的中小型的健身房合作,一方面为传统健身房增加客户,另一方面解决场馆的问题。

ClassPass 模式在美国做得不错,原因是美国健身场馆及基础设施完善,可以说是供过于求,但是,中国健身热潮刚刚兴起,处于起步阶段,健身馆及基础设施供不应求。很多传统健身房,依靠高额的年卡付费以及推销私教课程获得盈利,ClassPass 模式与健身房利益产生冲突,其以较低的价格吸引用户,同时还要补贴场馆,不盈利的同时还要烧钱。这同时也说明了另一个道理:健身最后还是要有线下场地和器材支持,并有足够的掌控能力。

(三)市场没有想象那么大,体育运动人口并没有那么多

在创业的过程中,随着不断实践,发现所做的事情,其市场并没有想象那么大,比如,在国外的一些很火的运动,引入国内,不符合国人的文化等,很难开展。其次,健身热潮起来了,但是经常参加体育运动的人口并没有那么多。

国家体育总局局长刘鹏在介绍《全民健身计划(2011—2015 年)》实施效果评估总体情况中提到,目前我们经常参加体育锻炼的人口的比例是33.9%,而那些发达国家比例都达到 40%以上。要达到国外的水平,还需要各个方面多年的努力。

首先,参加体育运动人口的比例提升,与国民经济水平不可分割,所谓经济基础决定上层建筑。其次,国人缺乏体育文化和体育氛围,从小接受应试教育,学习考试远比体育运动重要,小时候的体育课通常都被各个老师抢去上自习了。第三,体育运动需要有时间和金钱的投入。国人每天奔波在工作和家庭中,周末忙于加班,很难有时间从事体育运动,另外,体育运动的消费需要金钱的投入,而人们还在为满足住房、就医这些基本需求拼命工作。当然不排除部分人群有钱有时间,但是,从事运动的基础人群还是相对较少。

（四）空有好的想法，却没有在最短的时间研发出产品

2015 年，可以说是互联网体育创业疯狂时期，部分初创企业进行融资，仅仅凭借一份商业计划书就轻松地获得融资，然而其在获得融资后，却没有做出实际的事情来。狂融资的背后，不乏一些凑热闹的人。

种子轮、天使轮阶段，投资人主要看是否有好的想法，做互联网人注重讲故事，但是故事讲完了，事情是否做起来了？《骑行类创业项目骑遇宣告死亡，创始人说硬件创业坑太多》的自述中，也提到："我们当时用社群在做个事情，最后失败最大的关键还是产品。产品给力的话，可能这些商业逻辑都会实现。"

有人调侃，创业可谓是九死一生，行业内流行说法是，90％的创业者最终都是会失败的，如同顶级天使基金的投资成功率不到 10％一样。创业旅途艰辛，企业倒闭原因不仅仅是这些。比起注重宣传和品牌形象的初创企业，还有一部分企业，默默地来，默默地退出。体育行业还在起步阶段，希望同行相互交流，共同成长，促进体育行业发展。

四、"互联网＋体育"的未来

（一）行业细分，做差异化求得生存

翻看巨头们的布局，很明显他们做的是平台或生态：阿里体育融合赛事运营、版权、媒体、商业开发、票务等环节打造体育产业生态，全面整合阿里电商等资源；乐视体育也在打造一个具备"赛事运营＋内容平台＋智能化＋增值服务"四个支点的垂直生态链；而苏宁的 PPTV 体育，则希望建成一个"上游赛事＋中游平台＋下游产业链拓展"的体育产业链模式。那么实力悬殊的创业者该何去何从？没错，细分市场，巨头们兼顾不到或者

看不上的垂直领域,比如潮流运动或智能运动等。潮玩和咕咚运动就是从此切入,目前势头正好。潮玩是以好玩、新奇、稀缺的潮流运动作为切入口,比如卡丁车、射箭、潜水、搏击、马术、攀岩、剑道、壁球、极限等十几项运动,通过聚合数万家潮流运动场馆,实现了潮流资深运动爱好者的聚集。咕咚运动则通过推出 Easy Fit APP、摇摇减重 APP、咕咚蓝牙智能秤、咕咚蓝牙智能心率带、咕咚手环等系列智能硬件,也得到了体育硬件需求者的支持。从目前来看,潮玩、咕咚等所在垂直细分市场更易建立较高的忠诚度,且巨头很难通过流量入口优势夺走用户,其背后原因也是垂直细分市场巨头不一定能发挥出势能优势,中小创业者刚好有喘息机会。

(二)对用户做切割,区分目标用户人群

既然体育市场潜力巨大,体育项目冗杂,用户也有不同属性,那除了对市场做取舍外,对用户做切割也特别重要。根据用户喜好、年龄层次、消费能力等属性大可区分不同用户群体,从而针对性地提供运动项目。放弃巨头们死死盯着的用户群往往能发现更巨大的市场。比如可做以下切割。

第一类普通运动人群:这类运动人群基数大、爱好相对普及的运动项目,比如篮球、羽毛球等,消费能力一般,现有场馆和设施充足,也是巨头们的主要用户。中小创业者最好不碰这类用户,或者只抓其一。

第二类资深兴趣玩家:这类运动者对个别体育项目情有独钟,例如马术、射箭等项目。而其中部分的资深潮流运动爱好者们都以"圈子"来维系平时的沟通,组织定期的活动。这些"圈子"散落在各领域的论坛、IM 群组中,他们对论坛和群组有较强的归属感,能熟练使用互联网工具,且消费能力不错,愿意为体育运动花钱,而整个市场规模不一定大。这类玩家便是咕咚、潮玩等新人们的优质目标用户,他们只需要一个开放的、贴合需求的平台或一款贴心的 APP 作为纽带,就能沉淀并产生价值。

第三类场馆运动者或团队:这类体育运动者往往因为地域或习惯原

因，有固定的场馆锻炼运动或独钟于某项运动，且多是组团甚至集体参加。这类用户需求稳定、投入稳定，是各类企业争抢的对象。面对巨头们的争夺，中小创业者如能掌握核心优势，快速提升服务，获得口碑，也能抢得一块蛋糕。小而美、细而优才是创业者的制胜之道。

（三）善用互联网＋，做增值服务，变身巨头左右手

既然巨头们多是做内容平台或打造体育生态，那围绕赛事运营或体育设施和用品方面的增值服务领域或是中小创业者的机会，可成为巨头们的延伸或左右手，绑缚巨头们并与之共同进退。比如体育彩票、电商、培训、票务和游戏都属于增值服务领域，尤其是体育培训和票务业务，为巨头们提供培训、代理、销售的服务，也极有空间。这些考验的是企业的线下渗透能力，互联网巨头也并非全有优势。

总之，风口之下的"互联网＋体育"，有了大树，小草并不意味着就失去了阳光和雨露。初炼、潮玩、咕咚运动这类互联网体育新兵只要摆好位置，做好取舍，仍有拨开云雾见青天的可能。

参考文献

［1］阿里研究院．互联网＋未来无限空间［M］．北京：人民出版社，2015．

［2］艾媒咨询．2015 年中国"互联网＋"体育研究报告［R］．艾媒咨询，2015．

［3］艾媒咨询．2016 中国移动互联网创新趋势报告［R］．艾媒咨询，2016．

［4］产业投资内参．体育产业十三五规划热点｜市场规模预测报告［EB/OL］．（2016-08-15）［2017-04-01］．http://www.sohu.com/a/110547415_380581．

［5］丛湖平，郑芳．高等学校教材：体育经济学［M］．2 版．北京：高等教育出版社，2015．

［6］黄渊普．一篇文章读懂"互联网＋"的内涵［EB/OL］．（2015-06-25）［2017-04-01］．https://baijia.baidu.com/s? old_id＝90108．

［7］李海舰，田跃新，李文杰．互联网思维与传统企业再造［J］．中国工业经济，2014(10)：135-146．

［8］李兆峰，翟晓亚．谈赛事审批权取消后对举办赛事产生的影响［J］．山海经·故事，2016(8)：195．

[9] 王松. 2015/2016 年体育产业投融资情况分析，白皮书系列（二）[EB/OL]. (2016-07-02)[2017-04-01]. http://www.lanxiongsports.com/?c=posts&a=view&id=2324.

[10] 王子朴，药婧瑶. 体育移动应用的形成、发展和前景[J]. 中国体育科技，2014(6)：113-121.

[11] 杨学成. 互联网思维的本质是链接[J]. 经理人，2015(2)：22-24.

[12] 亿欧. "互联网＋"概念背后的本质到底是什么[EB/OL]. (2015-05-14)[2017-04-01]. http://www.sohu.com/a/14989014_115035

[13] 易观智库. 2016 中国竞技体育市场专题研究报告[R]. 易观智库，2016.

[14] 翟振刚. "互联网＋"本质的理论模型[J]. 中国高新区，2016(4)：141-144.

[15] 中国互联网络中心. 第 37 次中国互联网络发展状况统计报告[EB/OL]. (2016-01-22)[2017-04-01]. http://www.cac.gov.cn/2016-01/22/c_1117858695.htm.

[16] 中国互联网络中心. 第 38 次中国互联网络发展状况统计报告[EB/OL]. (2016-08-03)[2017-04-01]. http://www.cac.gov.cn/2016-08/03/c_1119326372.htm.

[17] 中国投资咨询网. 中投顾问预测：2020 年体育赛事运营市场规模或达 3600 亿元[EB/OL]. (2016-07-14)[2017-04-01]. http://www.ocn.com.cn/chanye/201607/vnkdn14112846.shtml.

[18] 中国政府网. 2013 年全国体育及相关产业总产出 1.1 万亿元[EB/OL]. (2014-12-29)[2017-04-01]. http://www.gov.cn/xinwen/2014-12/29/content_2798079.htm.

[19] 中投顾问. 中投顾问：2020 年体育新媒体市场规模将超 510 亿元[EB/OL]. (2016-08-15)[2017-04-01]. http://www.ocn.com.cn/

us/company/201608/tiyuxingmeiti15155105. shtml.

［20］左伟，李建英. 论"互联网＋"体育产业的内涵、特征及呈现方式［J］. 山西大学学报(哲学社会科学版)，2016，39(5)：140-144.

索　引

致　谢

　　本书是在中央高校基本业务经费和受浙江大学文科教师教学科研发展专项资助的帮助下修缮完成的。在此，借本书出版之际，请允许我对以下领导、老师表达感谢与敬意。首先诚挚地感谢教育学院顾建民院长、吴巨慧书记、阚阅副院长、周丽君副院长，你们严谨细致、一丝不苟的作风一直是我工作、学习中的榜样。此外，还要感谢入职以来对我的工作、学术、生活中给予帮助和关心的体育学系领导和老师。张辉教授、王健教授、林小美教授、于可红教授、王进教授、温煦副教授、胡亮副教授、林楠副教授、刘文明副教授以及黄聪研究员、彭玉鑫研究员，你们严谨求实的治学态度、高度的敬业精神、兢兢业业、孜孜以求的工作作风和大胆创新的进取精神对我产生了重要影响。

　　最后，请允许我将我研究成果的出版著作，献给我亲爱的家人：父亲、母亲、岳父、岳母、弟弟，以及一直都在我身后鼓励支持的妻子吕娜女士。